高职高专"十三五"物流类专业系列规划教材

# 物资采购

主　审　　刘超群
主　编　　田昌奇　马增强

西安交通大学出版社
XI'AN JIAOTONG UNIVERSITY PRESS

## 内 容 提 要

本书在全面分析、总结我国物流业尤其是工程单位的物资采购发展现状基础之上，以学习情境的形式系统阐述了物资采购基础知识，采购计划的编制，物资质量、数量、价格的控制，招标采购，采购谈判，采购合同管理等内容。为了使学生更好地掌握书中内容，本书的每个学习情境还包括学习目标、任务实施、思考题等内容，使内容的系统性更加突出。

本书可作为高职高专院校物流类专业的教材，也可作为物流从业人员、采购人员的培训教材和参考书。

# Foreword 前言

随着经济全球化和信息技术的迅速发展,社会生产、物资流通、商品交易及其管理方式正在发生深刻的变革。作为国民经济和企业的"第三利润源"的现代物流业正在世界范围内广泛兴起,它必将成为21世纪的"黄金"产业。

采购管理是物流系统中的一个重要组成部分,也是物流供应链中的一个重要环节。采购管理作为一门学科引入国内的时间并不长,目前我国还没有真正形成一套完整的有中国特色的采购管理体系,也没有从物流系统的角度指导企业开展采购业务的参考书,更没有适合高职高专物流专业及相关专业教学使用的教材。因此,加强采购环节的研究,优化采购过程,提高采购组织和管理水平等,对提高整个物流运营质量和效率都具有重要意义。利用科学的采购理论方法指导采购运作,有利于形成企业的采购优势,保证生产的需求和供应,为企业的市场竞争提供动力。

编者在全面分析、总结我国物流业尤其是工程单位的物资采购发展现状基础之上,在书中系统阐述了物资采购基础知识,采购计划的编制,物资质量、数量、价格的控制,招标采购、采购谈判、采购合同管理等内容。本书每个学习情境还包括学习目标、任务实施、思考题等内容,使内容的系统性更加突出。

本书由陕西铁路工程职业技术学院田昌奇和中铁航空港集团第二工程有限公司马增强担任主编,田昌奇负责编写学习情境一、情境三,中铁航空港集团第二工程有限公司负俊堂编写学习情境二,陕西铁路工程职业技术学院王晓丽编写学习情境四,陕西铁路工程职业技术学院刘良甫编写学习情境五,马增强编写学习情境六。在本书的编写过程中,陕西铁路工程职业技术学院管理工程系主任刘超群教授和中铁航空港集团第二工程有限公司负俊堂对全书进行了审定,并提出了宝贵意见。本书同时也得到了兄弟院校、政府行业管理部门、施工企业从业者等的大力支持和帮助,在此一并表示感谢!

由于编者水平有限,书中难免会有错误,敬请广大读者提出宝贵意见。

编者<br>2015 年 5 月

# Contents 目录

**学习情境 1　采购基础知识认知** /001

　　任务 1.1　采购组织机构的设置 /001

　　任务 1.2　工程物资采购流程的编制（动态组织）/011

　　任务 1.3　采购人力资源管理 /018

**学习情境 2　采购计划的编制** /025

　　任务　编制采购计划 /025

**学习情境 3　采购质量、数量、价格控制** /033

　　任务 3.1　物资采购质量管理保障体系构建 /033

　　任务 3.2　物资采购数量的控制 /041

　　任务 3.3　物资采购价格的控制 /049

**学习情境 4　招标采购** /061

　　任务 4.1　招标公告（投标邀请函）的编制 /061

　　任务 4.2　招标采购组织程序案例分析 /069

　　任务 4.3　两阶段评标法评标 /089

　　任务 4.4　招投标文件的填制 /096

**学习情境 5　采购谈判模拟** /108

　　任务 5.1　采购谈判准备与规划 /108

　　任务 5.2　采购谈判技巧与实施 /114

**学习情境 6　采购合同管理** /128

　　任务 6.1　采购合同编制、签订 /128

　　任务 6.2　采购合同的管理 /137

　　任务 6.3　采购合同纠纷的解决、索赔的处理 /144

**参考文献** /155

# 学习情境 1 采购基础知识认知

## 任务 1.1 采购组织机构的设置

### 一、任务描述

物资采购、供应是工程工期、工程质量的物质保障和前提,是施工企业赖以生存的生命线。为了完成艰巨的采购任务,低成本地获取工程材料和设备,保证施工生产的顺利进行,组建采购组织机构就成为施工企业物资管理部门的首要任务和采购人员的必要技能。

### 二、学习目标

1. 掌握物资采购、采购管理的概念;
2. 掌握采购管理的职能、功能;
3. 掌握采购组织机构的设置原则、方法。

### 三、任务实施

#### (一)任务引入、学习准备

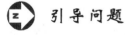

(1)什么是物资采购、采购管理?采购管理的四大职能和五大功能分别是什么?

_____

_____

(2)采购组织机构一般有哪些形式?各种形式的适用场合是什么?组建采购组织机构时应考虑哪些原则?

_____

_____

(3)采购组织机构设置时受哪些因素的影响?

_____

_____

## (二)实施任务

包河大道高架桥项目是《合肥市城市总体规划(2006—2020)》的南北向快速通道之一,是城市快速网骨架结构,对缓解城市日益突出的交通压力、促进城市"141"架构的尽快形成、加快滨湖新区的现代化城市化步伐具有重要的战略意义。为确保项目质量和工期,现在需完成项目采购组织机构的设置。

## (三)任务知识点

### 1. 采购和采购管理的概念

所谓采购,一般认为是指采购人员或者是单位基于各种目的和要求购买商品或劳务的一种行为,它具有明显的商业性。通俗地讲,采购是一种常见的活动,从日常生活到企业运作,都离不开采购。狭义的采购是指买东西。广义的采购是指企业根据需求提出采购计划,审核计划,选好供应商,经过商务谈判确定价格、交货及相关条件,最终签订合同并按要求收货付款的过程。因此,在狭义的采购情况之下,买方一定要先具备支付能力,也就是要有钱,才能换取他人的物品和劳务来满足自己的需求。广义的采购是指除了以购买的方式占有物品之外,还可以用其他采购方式取得物品的使用权,以达到满足需求的目的。广义的采购方式除购买外,还有租赁、借贷和交换等。

采购管理指的是为了实现企业的经营目标,必须对企业采购活动和过程进行必要的计划、组织和控制。

采购与采购管理是两个不同的概念,如果企业采购处于一种自发状态,没有实施有效的计划、组织与控制职能,那么可以说企业有采购活动,却没有采购管理。在考虑风险、资金占用适度规模、及时性和成本等因素的条件下,通过实施科学的采购管理,可以合理选择采购方式、采购品种、采购批量、采购频率和采购地点,可以以有限的资金保证生产经营的需要,为企业降低成本、加速资金周转和提高产品质量作出积极贡献。

### 2. 采购管理的职能

采购管理通常包括以下几项基本职能:

(1)采购决策。根据物料需求量的预测和生产计划的安排,在考虑各种影响因素的条件下,对采购活动涉及的各个方面作出科学的选择。

(2)采购计划。采购活动是大量的、经常的,采购计划是对采购活动做出的具体的细致安排和规划,是采购活动的指导性文件。

(3)采购组织。它包括静态组织和动态组织。前者是建立采购组织机构,明确采购权限和职责,配备相应的专业人员;后者是对采购活动的组织,包括采购招标、货源组织、订货谈判、签订合同和组织交易等。

(4)采购控制。采购控制是为了达到采购目标,对采购活动制定定额、规章制度、工作程序、采购标准、验货条件,以及涉及采购过程的考核、监督、评价和反馈等。

### 3. 采购管理的功能

采购作为生产经营活动的初始环节,对企业的供、产、销各个环节影响很大,直接影响着生产经营过程、企业业绩,并构成企业竞争力的重要方面。

物料采购和组织货源是企业业务活动的基础,对于保证生产经营活动的连续性具有决定性作用。采购不及时不仅增加了生产制作周期,而且会给企业带来重大的经济损失。随着消费者需求的多样性,企业必须以小批量、多品种生产方式提高市场的快速反应能力,这就要求采购活动更加频繁、准确和及时,做好物料的配套性、规格化和准时化可以为先进的生产方式奠定良好条件。

采购成本是产品成本中的主要部分,是决定产品价格水平和竞争力的主要因素之一。从生产企业来看,各类物料转移的价值构成产品价值的主要部分,一般而言,制造业中产品成本中的30%~80%是由采购成本构成的,一些特殊行业甚至占到90%以上,因此控制采购成本是降低产品成本的主要渠道。从商贸企业看,商业利润主要来源于"贱买贵卖"的流通差价,较低的购进价格对于商业利润具有决定性影响。

产品质量与生产工具、劳动对象的质量有密切关系,机器设备的可靠性和精度、原料的质量以及各种零部件的性能和质量直接影响到最终产品的质量,因此采购活动对提高企业质量水平、降低不良品率具有重要意义。

物料采购需要占用大量流动资金、生产经营设施和场地,因此做好采购工作对于减少资金占用、提高设施和场地的利用率具有十分显著的意义。目前,许多企业面临资金紧张和设施不足等问题,导致上述问题的原因之一就是采购活动不够优化,通过挖掘采购活动的潜力,可以找到解决问题的重要途径,因此,科学合理的采购对于解决企业各种问题具有积极作用。

采购活动与企业外界的联系十分密切,它对于促进企业开放性具有战略意义。有效的采购活动首先可以促进企业聚精会神地抓好主业,培育核心竞争力;转变"大而全、小而全"的思想,避免重复建设、重复投资。通过采购这一纽带,企业还可以构建外部合作体系,充分利用外部资源,因此,采购活动对于发展虚拟企业、战略联盟和业务外包等新型管理模式具有特别重要的意义。

**4. 采购的种类和内容**

采购活动多种多样,它按照不同的标准,可以分成不同的种类。

(1)按照采购物品用途的不同分类。

按照采购物品用途的不同,采购可分为工业采购和消费采购。

①工业采购。

工业采购通常是指企业为了经营或生产所需的产品和服务,而按一定代价同外部进行的业务活动。工业采购往往通过一次采购以后便同供应商建立长期合作关系,工业采购的动机是理性的,一般是由多人参与的程序化过程,采购数量通常比较大,价格也比较稳定。

②消费采购。

消费采购的随意性比较大,主要为满足个人需求,采购动机带有个人喜好,采购量也比较小。消费采购活动是个人行为,而工业采购通常是机关、企业等机构的集体行为。

(2)按照采购输出的结果分类。

按照采购输出的结果,采购可以分为有形采购和无形采购。

①有形采购。

采购输出的结果是有形的物品,或是参与某个系统运行的组成部分。例如,一支钢笔、一台电脑、一块电路板,像这样的采购称为有形采购。有形采购主要采购有形的物品,如原料、辅料、机具及设备、事务用品等。

A. 原料。原料主要是指直接用于生产的原材料，也是构成产品的最主要成分。

B. 辅料。在产品制造过程中，除了原材料之外所耗费的材料均属于辅料。

C. 机具及设备。机具及设备主要是指制造产品的主要工具或提供生产环境所不可缺少的设施。

D. 事务用品。事务用品是指办公室生产线上人员在文书作业上所需要的设施及文具、纸张以及其他用品等。

② 无形采购。

采购输出的结果是无形的，如一项服务、一个软件、一项技术、保险及工程发标等，这样的采购称为无形采购。无形采购主要是咨询服务采购和技术采购或是采购设备时附带的服务。

A. 技术。技术是指取得能够正确操作或使用机器、设备、原料等所应具备的专业知识和技能。

B. 服务。在无形采购中，为了用于服务、维修、保养等目的的采购称为服务采购。如空调的免费安装、计算机的装机调试、贴片机的安装高度都属于供应商提供的安装服务范畴。

C. 工程发包。工程发包包括厂房、办公室等建筑物的营造与修改完善以及配管工程空调或保温工程动力配线及仪表安装等。

(3) 按照采购范围分类。

按照采购范围不同，采购可以分为国内采购和国外采购。

① 国内采购。

所谓国内采购，是指企业以本币向国内供应商采购所需物资的一种行为。例如机器制造企业，向国内供应商采购钢材、轴承等原材料、配件。国内采购主要是指国内市场采购，并不是指采购的物资都一定是国内生产的，也可以向国外企业在国内的代理商采购所需物资，只是以本币支付货款，不需要以外汇结算。

② 国外采购。

所谓国外采购，是指国内采购企业直接向国外厂商采购所需物资的一种行为。这种采购方式一般通过直接向国外厂方咨询，或者向国外厂方设在国内的代理商咨询采购，主要采购对象为成套机器设备、生产线等，如我国进口的电视、计算机生产线，并与之配套的仪器仪表及配件等。

(4) 按采购时间分类。

按采购时间的不同，采购分为长期合同采购和短期合同采购。

① 长期合同采购。

长期合同采购是指采购和供应商通过合同稳定双方的交易关系，合同期一般在一年以上的采购行为。在合同期内，采购方承诺在供应方采购其所需品，供应方承担保证采购方数量、品种、规格、型号等方面的需要。

长期合同采购的优势为：第一，有利于增强双方的信任和理解，建立稳定的供需关系；第二，有利于双方减少多次谈判费用；第三，有明确的法律保证，可以维护双方各自的利益。长期合同采购也存在如下的不足：第一，价格调整困难，如市场供需关系变化，采购方要求供应方调整价格有一定的困难；第二，合同数量固定，采购数量调整有难度；第三，采购人员对供应商产生依赖，缺乏创新意识，如在合同期内，采购商有了更好的采购渠道，也将影响采购商的选择。

长期合同采购使供需关系稳定，主要适合于采购方需求量大并且需求是连续不断的情况，如企业的主要原材料、燃料、动力、主要设备及成套设备的采购等,如空调生产企业需长期采购压缩机而与压缩机生产厂家签定长期合同采购等。

②短期合同采购。

短期合同采购是指采购商和供应商通过采购合同,实现一次性交易,以满足生产经营的需要。短期采购双方关系不稳定,采购产品的数量、品种随时变化,对采购方来讲有较大的灵活性,能够依据市场环境的变化,及时调整供应商。但由于这种合同的不稳定性,也将出现价格洽谈、交易及服务等方面的不足。

短期合同采购适用于如下情况:第一,非经常消耗品,如机器设备、车辆、计算机等;第二,补缺产品,由于供求关系变化,为弥补长期合同造成的供货中断,可签订短期合同补充;第三,价格波动大的产品采购,因为这种产品价格波动大,供应商和采购商都不愿签订长期的采购合同,以免利益受损;第四,质量不稳定的产品,如农产品、新试制产品等一般也是一次性采购。

(5)按照采购主体分类。

按照采购主体的不同,采购可分为个人采购和组织采购。

①个人采购。

个人采购是指消费者为满足自身需要而发生的购买消费品的行为,如购买生活必需品、耐用品等,它实质上是一种购买活动,购买对象主要为生活资料,其特点为单次、单品种、单一决策,购买过程相对简单。

②组织采购。

所谓组织采购,是指"事务特定的结构形式",即人和事物按照一定的任务和形式所进行的有效组合,是实现既定目标的手段。因此,组织采购是实现组织目标而发生的采购行为。

企业采购是一种组织采购行为。企业采购一般分为生产企业采购和流通企业采购。生产企业采购是为了生产而采购,是一种生产性消费,因而,采购对象以生产资料为主;流通企业采购是为了销售而采购,是一种消费行为,采购对象为生活资料。

(6)按照采购方式分类。

所谓采购方式,是指企业在采购中运用的方法和形式的总称。从企业采购的实践来看,经常使用的方式主要有议价采购、比价采购和招标采购。

①议价采购。

所谓议价采购,是指由买卖双方直接讨价还价实现交易的一种采购行为。议价采购一般不进行公开竞标,仅向固定的供应商直接采购。

议价采购分两步进行:第一步,由采购商向供应商分发询价表,邀请供应商报价。第二步,如果供应商报价基本达到预期的价格标准,就可签订采购合同,完成采购活动;如未达到预期的价格标准,则进行议价,直到双方认可为止。议价采购主要用于需要量大、质量稳定、定期供应的大宗物资的采购。

议价采购的优点为:第一,节省采购费用;第二,节省采购时间;第三,采购中心灵活性大,可依据环境变化,对采购规格、数量及价格灵活地作出调整;第四,有利于和供应商建立互惠关系,稳定供需关系。

议价采购的缺点为:第一,议价往往价格较高;第二,缺乏公开性,信息不对称;第三,容易形成不公平竞争。

②比价采购。

所谓比价采购,是指在买方市场条件下,在选定两家以上供应商的基础上,由供应商公开报价,最后选择报价最低的为企业供应商的一种采购方式。实质上,这是一种有限条件下的招标采购。

比价采购的优点为:第一,节省采购的时间和费用;第二,公开性和透明性较高,能够防止采购黑洞;第三,采购规程有规范的制度。

比价采购的缺点为:第一,供应商在有限的情况下,可能出现轮流坐庄,或是可能出现恶性抢标的现象,使供应品种规格出现差异;第二,可能影响生产效率的提高并加大消耗。

③招标采购。

所谓招标采购,是指以公开招标的方式进行物资和服务采购的一种行为。它是政府及企业采购的基本方式之一。在招标采购中,其最大的特征是"公开性",凡是符合资质规定的供应商都有权参加投标。招标采购主要可分为政府招标采购和企业招标采购。在我国,政府招标采购应贯彻执行《中华人民共和国政府采购法》(已于2003年1月1日起正式实施)的相关规定,依法招标采购。

公开招标采购的优点为:第一,有利于做到采购工作的"公开、公平、公正";第二,有利于形成符合市场的真实价格;第三,有利于提高采购物品的质量;第四,有利于采购方建立提供商的信息资源库,扩大选择范围;第五,有利于降低采购成本。

公开招标采购的缺点为:第一,采购费用较高;第二,容易出现供应商合谋或者"抢标"——过度压低价格而中标的现象,以致偷工减料,以次充好,影响产品质量;第三,采购程序复杂,应变性差;第四,如果底价被泄露,易带来巨大风险。公开招标采购主要适用于需求量大并且是标准化产品,或者技术含量高的产品。

**5. 采购组织机构设计的原则**

在市场经济条件下,市场需求的不确定性和多变性导致现代企业的采购工作非常复杂,特别是一些大中型企业,采购的商品品种繁多、数量大,采购工作往往不是一个人来完成的,而是由一部分人组成的采购队伍来进行的。在这种情况下,要使采购工作高效且顺利地开展,保证商品供应不间断,企业经营业务正常运转,必须建立一套强有力的采购机构。在实际工作中,采购机构的设计应遵循以下原则:

(1)精简的原则。

精兵简政在企业采购机构设计中同样有效,这个"精"指人员精干;"简"指机构简化,只有人员精干机构才能简化;如果人员素质差而过分强调简化机构,应该开展的工作开展不起来,应该完成的任务完成不了,同样是不可取的。

(2)责、权、利相结合的原则。

"责"指责任,起约束的作用;"权"指权力,是履行职责的保证;"利"指利益,起激励作用。责权利相结合,才能充分调动采购队伍的积极性,发挥他们的聪明才智。如果有责无权,必然会出现瞎指挥、盲目决策甚至损公肥私的现象;如果有责无权,什么事情都要请示汇报才能决策,也难以真正履行责任,有时还会贻误时机,影响效率。同样,没有相应的利益刺激,也难以保证采购工作的高效、准确。只有将"责、权、利"有机地结合起来,发挥各自的职能,才能保证采购组织工作的有效性。

(3)统一的原则。

任何一个企业的采购组织要顺利地完成采购任务,都必须上下一心、齐心协力,遵循统一的原则。统一的原则基本上包括三个方面内容:一是目标统一,都是为了完成采购任务,实现企业经营目标。总的目标定下来,再将总目标分解到各个部门、各分支机构的岗位和个人,形成子目标,当子目标与总体目标出现矛盾或不协调时,应强调局部服从总体。二是命令要统一。采购部门的多种决策、指令、命令要及时下达,一方面要防止令出多头,下级无法执行,无所适从的现象;另一方面也要杜绝上有政策、下有对策的散乱现象。三是规章制度要统一。各种规章制度是大家行为的准则,采购部门有总体规章制度;各分支机构也应有自己相应的规章制度,但二者之间不能自相矛盾,应形成一个相配套的体系,并遵循在制度面前人人平等原则。

(4)高效的原则。

采购工作要高效开展,必须有一套高效运转的组织机构,这种高效的组织机构应确定合理的管理幅度与层次。横向方面,各部门、各层次、各岗位应加强沟通、各负其责、相互扶持、相互配合;纵向方面,上请下达迅速,同时领导要善于听取下级的合理化建议,解决下级之间的矛盾与不协调。这样形成一个团结严谨、战斗力强的采购队伍,才能使采购工作高效地开展。

**6. 影响采购组织机构设计的因素**

任何组织系统都有对内外环境的适应性,不能适应环境的组织是没有生命力的,采购机构也是一样,必须适应外部环境与企业内部条件,并且随着外部环境的变化与内部条件的改变,而进行相应的调整,这样的机构才会充满活力。为此,必须研究影响采购机构设计的各种因素。概括来讲,影响采购组织机构设计的因素有以下几个方面:

(1)企业规模。

一般来说,企业采购机构的大小与企业规模成正比关系。企业规模大、业务量大,对生产企业而言,所耗费的原材料数量多;就商业企业而言,商品的销售量就大。无论是为了保证生产企业的生产需要,还是为了满足商业企业的销售需要,都必须完成大批量的采购任务,从而要组织较庞大的采购队伍;反之,企业规模小、业务量小,采购人员数量也就少,采购组织机构也相应较小。

(2)采购供应状况。

采购供应工作是在一定的市场上进行的,因此,确定企业采购机构应考虑市场供应状况,一般应考虑两个方面的问题:

①市场供求态势。如果市场的商品供不应求,采购较为困难,要四处求购,采购队伍要庞大些;反之,如果市场上的商品供过于求,货源充足,购买方便,则采购队伍可小些。

②供应点的分布情况。有些产品产地分散、供应点多面广,这种采购带有一种"收集"的性质,则采购队伍应庞大些;反之,采购地点集中的产品,采购人员可少些。

(3)经营范围。

值得提出的是,不同类型的企业对采购机构的要求也有差异。经营品种繁多的综合性商场,由于货源来源广泛,采购业务量大,采购机构应该大些;相反,经营品种较为单一的企业,如专业商店由于进货地点较为集中,业务简单,采购机构可小些。

(4)采购人员素质。

企业采购人员素质的高低不仅决定了采购工作的质量,也会影响采购机构的大小。一般来说,采购人员素质高、业务熟练、工作能力强、效率高,采购队伍可小些,这也符合精简的原则;反之,如果采购人员素质差、业务生疏、工作责任心差、效率低下,这样完成相应的采购工作,只能使用更多的采购人员,其采购机构也就较为庞大。

(5)企业内部各部门的配合程度。

采购工作是由一系列相互配合的业务环节所组成的,包括选货、面谈、签订合同、运输、验收、入库、结算付款等环节,要使采购工作效率高,采购部门应与企业内的其他部门(如运输、仓库、财务部门等)加强配合,使采购员集中精力搞好采购工作。相反,如果一个企业采购员将大量精力放在发运验收、付款上,其工作效率就会非常低,这样要完成相应的采购任务,就需要较多的采购人员。

(6)信息传递形式与速度。

市场需求信息是企业采购的依据,这样就要求企业应有一整套灵敏的信息传输系统,及时把握市场行情的变化,信息传输速度越快,采购决策越及时,效率越高,采购工作的准确性越高,无效劳动越少,采购人员数量可少些;反之,如果企业没有灵敏的信息传输系统,企业采购人员满天飞,采购队伍很庞大,必然造成效率低下。

(7)其他因素。

其他影响采购机构设计的因素也很多,如国家的相关政策、交通运输条件、通信现代化水平、自然条件等都从不同的方面影响一个企业的采购组织的设立。

**7. 采购部门在企业中的隶属关系**

企业的目标确立后,必须拟定策略来达成,而策略的执行必须要有适当的人员编制与组织结构。采购组织机构的方式应视具体情况作出必要的调整,以适应环境的变化,在建立一个有效组织的过程中,最重要的莫过于了解策略、结构及授权之间的关系。

当采购部门的主要职责是协助生产工作顺利运行时,采购部门隶属于生产副总经理(如图1-1所示)。这种组织的工作重点是提供足够数量的物料以满足生产上的需求,此时议价的功能退居次要地位,适合于"生产导向"的企业。

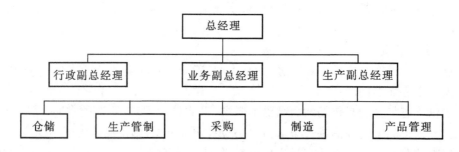

图1-1 采购部门隶属于生产副总经理

当采购部门的主要职责是获得上佳的价格和付款方式以达到财务上的目标时,采购部门在企业中隶属于行政副总经理(如图1-2所示)。此时采购部门独立于生产部门,可以发挥议价功能。这种情况下,它适用于生产规模庞大、物料种类繁多、价格变动频繁、采购工作需兼顾企业产销均衡的企业。

采购部门直接隶属于总经理(如图1-3所示),提升了采购的地位与执行能力。此时,采购部门的主要功能在于降低成本的效益,这也是采购部门为企业创造利润的另一种来源。这种类型的采购部门比较适合于生产规模不大,但物料或商品在制造成本或销售成本所占的比

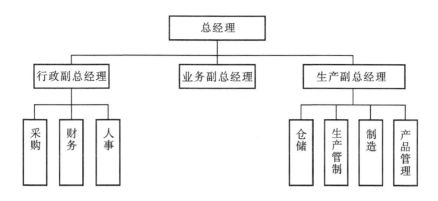

图1-2 采购部门隶属于行政副总经理

重较高的企业。此时,采购部门隶属于高级管理层,扮演直线功能而非参谋功能的角色。

图1-3 采购部门直接隶属于总经理

采购部门隶属于资材部(或资料管理部)(如图1-4所示),其主要功能在于配合制造与仓储单位,达成物流整体的作业,无特别的角色与职责,甚至可能降至附属地位。因此,采购部门隶属于资料部门,比较适合物料需求管制不易,需要采购部门经常与其他单位沟通的企业。

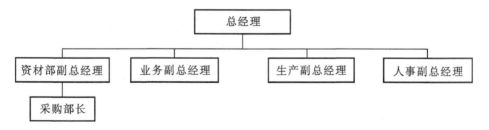

图1-4 采购部门直接隶属于资材部

**8.采购部门内部的组建**

任何企业和机构,除非规模很小,否则,都非常注重采购部门的建立。所谓采购部门的建立,又称为采购内部组织的部门化,也就是将采购部门应负责的各项功能整合起来,并以分工方式建立不同的部门来加以执行。这种采购部门的建立方式,要求采购人员对经办的项目非常专精,这对于物品种类繁多的企业和机构最为合适。

(1)按采购地区分类。

依照物品的来源,分别设立部门,如国内采购科和国外采购科。此种分工方式,主要是基于国内、国外采购的手续及交易对象有显著的差异,因而对采购人员的工作条件也有不同的要求,由于国内、国外采购作业的方式不同,因此,分别设立采购部门以利于管理。不过,上级主管必须就所购买的物品比较国内、国外采购的优劣,判定采购事务应该采用哪一种方式承办,才能起到事半功倍的效果。否则,国外采购归业务处管辖,"井水不犯河水",国内、国外采购就无法比较成本、品质等的优劣,也就无法获得国际供应的好处。

(2)按采购的价值或重要性分类。

把采购次数少,但价值高的物品,交给采购主管处理;相反,将采取次数频繁,但价值不高的物品,交给基层采购人员处理。

按照物品价值建立部门的方式,主要保障主管对重大的采购项目能够集中精力加以处理,以达到降低成本及确保来源的目的,此外,让主管有更多的时间对采购人员与工作效益加以管理。

另外,可以依据产品对企业的重要性,将策略性项目(利润影响高,供应风险大)的决定权交给高级管理者(如主管采购的行政副总经理),将瓶颈项目(利润影响程度低,供应风险高)交给基层主管(如采购科长),将非要紧项目(利润影响程度低,供应风险低)交给采购人员。

(3)按采购过程分类。

依照采购过程,把询价、比价、决定等工作分别交由不同的人员办理,产生内部牵制作用。内购科分别设置访价组负责招标,议价组负责订约,结报组负责付款;外购科的访价与议价功能委托驻外采购单位负责,其只负责订约、履行及综合业务(包括外购法令的修订,申诉处理进度管制等)。这种按采购过程进行分工并建立部门的方式,适合采购量价值巨大,事务繁杂,而且作业过程复杂,交货期较长,以及采购人员众多的企业和机构。

## 四、任务评价

1. 填写任务评价表

完成以上任务,填写任务评价表,如表1-1所示。

表1-1 任务评价表

| 任务评价表 ||||||||
|---|---|---|---|---|---|---|---|
| 考核项目 | 分数 ||| 学生自评 | 小组互评 | 教师评价 | 小计 |
| | 差 | 中 | 好 | | | | |
| 组织机构是否完整 | 8 | 10 | 13 | | | | |
| 组织机构是否合理 | 8 | 10 | 13 | | | | |
| 工作过程安排是否合理、规范 | 8 | 16 | 26 | | | | |
| 陈述是否完整、清晰 | 7 | 10 | 12 | | | | |
| 是否正确灵活运用已学知识 | 7 | 10 | 12 | | | | |
| 是否积极参与活动 | 7 | 10 | 12 | | | | |
| 是否具备团队合作精神 | 7 | 10 | 12 | | | | |
| 总计 | 52 | 76 | 100 | | | | |
| 教师签字: | | | | 年  月  日 | | 得分 | |

2.自我评价

(1)完成此次任务过程中存在哪些问题？
_____
_____

(2)产生问题的原因是什么？
_____
_____

(3)请提出相应的解决问题的方法。
_____
_____

(4)你认为还需要加强哪些方面的指导(实际工作过程及理论知识)？
_____
_____

## 五、拓展思考问题

(1)简述采购和采购管理之间的关系。
(2)采购管理职能和采购管理功能是一回事吗？
(3)工程物资采购对象主要有哪些？
(4)小王2015年5月到单位顶岗实习，被安排在物设部门主管材料验收、保管等工作。工作中经常遇到送砂石料的包工头(大都是附近的村民)以次充好，缺斤少两，夹杂大量的杂质(水分)，并且威胁小王在合格验收单上签字。如果你以后工作中遇到类似情况，该如何处理？

## 任务1.2 工程物资采购流程的编制(动态组织)

### 一、任务描述

为规范工程物资采购流程，确保工程物资采购质量满足要求，合理控制采购成本，熟练掌握工程物资采购流程是必须掌握的技能。

### 二、学习目标

1. 熟练掌握工程物资的采购流程；
2. 掌握流程中的关键环节及控制措施；
3. 理解采购流程是动态的采购组织，是采购管理的一项重要的职能。

## 三、任务实施

### (一)任务引入、学习准备

**引导问题**

(1)什么是工程物资采购流程?物资采购流程中的关键环节有哪些?
_____
_____

(2)针对物资采购流程中的关键环节,应该采取哪些控制措施?
_____
_____
_____

### (二)实施任务

小樊是中铁二局西安地铁1号线物设部采购负责人员,由于刚到单位(还在实习期间),加之单位采购制度不完善,每次出去完成采购任务,对于编制材料采购计划、供应商选择、财务核销等流程中的关键环节都不是很清楚,所以小樊认为编制一份适合本企业的物资采购流程迫在眉睫,请你帮小樊完成这个任务。

### (三)任务知识点

现代管理要求按照一定的程序,有条不紊地开展生产经营业务,采购作为企业的一项基本活动和重要职能,同样必须按照一定的程序进行。典型的企业采购业务通常包括以下基本步骤:

#### 1.发现需求

任何采购都起源于企业中某个人的确切需求。负责具体业务活动的人应该清楚地知道本部门独特的需求:需要什么、需要多少、何时需要。这样,库存部门就会收到这个部门发出的物料需求单。有时,这类需求也可以由其他部门的富余物料来加以满足。但是或迟或早公司必然要进行新的物料采购。采购申请可以来自生产或使用部门,可以来自销售或广告部门,也可以来自实验室。供应部门还应协助使用部门预测物料需求,以避免太多的紧急订单,要了解价格趋势和总的市场情况,有时为了避免供应商中断或价格上涨,供应部门也会发出一些期货订单。

#### 2.对所需产品或服务加以准确描述

发现需求后,对所需求的细节如品质、包装、售后服务、运输及检验方式等,均应加以准确描述,以便使来源选择以及价格谈判等作业流程能顺利进行。

### 3. 选择可能的供应来源

供应商的选择是采购职能中重要的一环,它涉及了高质量供应来源的确定。企业可以根据需求描述在原有供应商中选择成绩良好的厂商,通知其报价,或以登报公告等方式公开征求。决定和某个供应商进行大量业务往来需要一系列合理的标准。采购方对供应商能否满足自己的质量、数量、交付、价格、服务目标等的观察将支配决策结果。与这些基本采购目标相关的还有一些更重要的供应商品质,包括历史记录、设备与技术力量、财务状况、组织与管理、声誉、系统、程序柔性、通信、劳资关系、位置等。

### 4. 确定价格

确定所支付的价格是采购过程中的一项重要决策,是否具备得到"好价格"的能力是衡量一个优秀采购者的首要标准。采购者必须很好地掌握各种定价的方法,了解各种方法的适用时机,并能够利用技巧来取得满意的支付价格。

### 5. 订单安排

价格谈妥后,应办理订货签约手续。订单和合约均属于具有法律效力的书面文件,对买卖双方的要求、权利和义务,必须予以说明。任何实用的采购订单所必需的要素有:序列编号、发单日期、接受订单的供应商的名称和地址、所需物品的数量和描述、发货日期、运输要求、价格、支付条款,以及对订单有约束的各种条件。订单只有在供应商接手以后才能构成一项合同。

### 6. 订单的追踪与催货

签约订单后,为使供应商按期、按质、按量交货,应根据合约规定,督促厂商按规定交货,并予以严格的检验入库,在一些企业中,甚至设有全职的跟踪催货人员。跟踪是对订单所做的例行跟踪,以便确保供应商能够履行其货物发运的承诺。如果产生了问题,例如质量方面的问题,采购方就要对此尽早了解,以便采取相应的行动。跟踪通常需要经常询问供应商的进度,有时甚至有必要到供应商那里走访一下。不过,这一措施一般仅用于关键的、大额的或提前期较长的采购事项。通常,为了及时获得信息或知道结果,跟踪是通过电话进行的,不过一些企业也会使用一些简单的表格,以查询有关发运日期和某一些生产计划完成的百分比等资料。

催货是对供应商施加压力,使其履行最初所做出的发运承诺,提前发运货物或是加快已延误订单涉及的发运。如果供应商不能履行合约,采购方会威胁取消订单或是以后可能的交易。催货一般仅适用于采购订单的一小部分,因为关于供应商的能力,采购方已做过全面分析,能够被选中的供应商一般是能遵守合约的。而且一家企业对其物料需求已做了充分的计划工作,如果不是特殊情况,他就不必要求供应商提前货物的发运日期。当然,在物资匮乏的时候,催货确实有重要意义。

### 7. 货物的接收和检验

货物的正确接收有重要意义,大部分有经验的企业采用将所有货物的接收活动集中于一个部门的做法。由于收货部门和采购部门关系十分密切,所以许多公司中收货部门直接或间接地向采购部门负责。货物接收的基本目的是为了确保以前发出的订单,即所采购的货物已经实际到达并检查是否完好无损,是否符合数量和质量要求等。只有这样才能将货物送往应该到达的下一个目的地,以进行储存、检验和使用。接收部门要将与接收手续有关文件进行登记并移交有关人员。凡厂家所交货物与合约不符且验收不合格者,应根据合约规定退货,并办理重购。

8. 开具发票、结清货款

供应商交货验收合格后,随即开具发票,要求付清货款。采购部门在核查发票的内容正确后,财务部门才能付清货款。

9. 结案

无论验收合格付款,还是验收不合格退货,均需办理结案手续,查清各项书面资料有无缺失等,并签报高级管理部门或权责部门核阅批示。

10. 记录并维护档案

凡经过以上所有步骤后,对于一次完整的采购活动而言,剩下的工作就是更新采购部门的记录。凡经结案批示后的采购案件,均应列入档案,登记编号分类,予以保管,以备参阅或发生问题时查考。档案应具有一定保管期限的规定。例如:一张可以作为和外界所签合同的证据的采购订单一般保存7年,且应该比作为备忘录的采购申请单的保存期限要长。要保存的记录有以下几种:

(1)采购订单目录。目录中所有订单都应被编号并说明结案与否。

(2)采购订单卷宗。所有的采购订单副本都被顺序编号后保管在里面。

(3)商品文件。记录所有的主要商品或主要项目的采购情况(日期、供应商、数量、价格和采购订单编号)。

(4)供应商历史文件。列出了与交易金额巨大的主要供应商进行的所有采购事项。

(5)劳务合约。指明所有主要供应商与工会所签合约的状况(合约期日)。

(6)投标历史文件。指明主要物料项目所邀请的投标商、投标额、不投标的次数、成功的中标者等信息,这一信息可以清楚反映供应商的投标习惯和供应商可能存在的私下串通的情况。

(7)工具和寿命记录。指明采购的工具、使用寿命、使用历史、价格、所有权和存放位置。

 阅读材料

**工程物资采购流程及关键环节控制措施**

(一)工程物资采购工作流程

工作物资采购工作流程见图1-5。

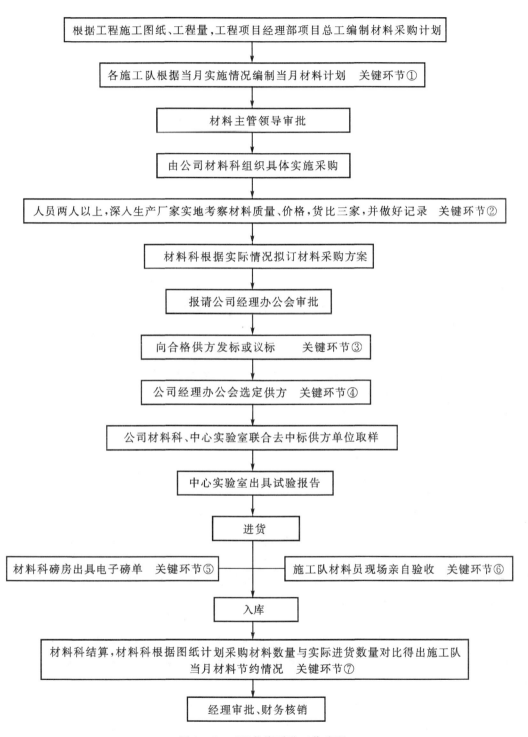

图1-5 工程物资采购工作流程

### (二)工程材料采购监控关键环节控制措施

1.权力关键环节①的控制措施

权力关键环节①的控制措施:编制当月材料计划;责任人:施工队长。

(1)施工队必须按工程指挥部下达的施工任务编制材料计划;

(2)施工队材料计划必须由施工队技术员编制,施工队长复核,开出书面申请表,书面申请表后须附计划工作量清单;

(3)施工队材料采购计划申请表须由项目经理部项目总工签字核准上报。

2.权力关键环节②的控制措施

权力关键环节②的控制措施:采购人员深入厂家考察材料;责任人:采购人员。

(1)采购人员必须两人以上;

(2)采购人员调查材料行情后,需详细编制材料调查表,调查表必须详细真实记录材料的生产厂家、地址、联系人、联系方法、材料价格等信息,并签字确认;

(3)公司也可派专人另行调查实际材料情况。

3.权力关键环节③的控制措施

权力关键环节③的控制措施:进行发标;责任科室:材料科。

(1)供货方上报材料的质量、价格、结算方式、付款期限等信息并加盖公章予以确认;

(2)材料科编制详细的报价清单,列出有利于本公司利益的供货方名单,上报经理办公会。

4.权力关键环节④的控制措施

权力关键环节④的控制措施:选定供货方;责任人:经理办公会成员。

(1)经理办公会讨论时,须由公司班子成员全部参加;

(2)经理根据公司资金等情况拟定供方名单;

(3)经理办公会成员集体表决决定供方名单。

5.权力关键环节⑤的控制措施

权力关键环节⑤的控制措施:材料科磅房出具磅单;责任人:司磅员。

(1)材料科磅房安装先进的电子磅秤,并配有电子打印机;

(2)电子打印机事先设定好程序,必须重车上磅方能打印出电子单据;

(3)司磅员开具的磅单一式四份,结算联给供货方,备查联给施工队,存联上报公司财务科;

(4)司磅员开具的磅单数量必须与电子磅单一致,电子磅单必须粘贴在磅单存根上,磅单用完后及时上报公司财务科,如发现磅单存根上无电子磅单,此车单据作废,不予结算。

6.权力关键环节⑥的控制措施

权力关键环节⑥的控制措施:收料员现场验收;责任人:收料员。

(1)材料到场时,施工队收料人员必须亲自到现场验收,卸车后方可签字确认;

(2)公司中心实验室试验人员随时抽查材料的质量,如发现不合格材料进场,及时告知材料科,材料科上报公司对责任人作相应处理。

7.权力关键环节⑦的控制措施

权力关键环节⑦的控制措施:材料款结算;责任人:施工队队长、材料科科长、公司领导。

(1)财务科材料结算人员结算的材料数量须与施工队上报的材料数量一致,或少于施工队上报的数量,方可结算;

(2)结算完单据须由各施工队队长、材料科科长签字后方可上报公司领导审核。

## 四、任务评价

**1.填写任务评价表**

完成以上任务,填写任务评价表,如表1-2所示。

表1-2 任务评价表

| 考核项目 | 分数 | | | 学生自评 | 小组互评 | 教师评价 | 小计 |
| --- | --- | --- | --- | --- | --- | --- | --- |
| | 差 | 中 | 好 | | | | |
| 流程编制是否完整 | 8 | 10 | 13 | | | | |
| 流程编制是否合理 | 8 | 10 | 13 | | | | |
| 工作过程安排是否合理、规范 | 8 | 16 | 26 | | | | |
| 陈述是否完整、清晰 | 7 | 10 | 12 | | | | |
| 是否正确灵活运用已学知识 | 7 | 10 | 12 | | | | |
| 是否积极参与活动 | 7 | 10 | 12 | | | | |
| 是否具备团队合作精神 | 7 | 10 | 12 | | | | |
| 总计 | 52 | 76 | 100 | | | | |
| 教师签字: | | | | 年 月 日 | | 得分 | |

**2.自我评价**

(1)完成此次任务过程中存在哪些问题?

_____

(2)产生问题的原因是什么?

_____

(3)请提出相应的解决问题的方法。

_____

(4)你认为还需要加强哪些方面的指导(实际工作过程及理论知识)?

_____

## 五、拓展思考问题

(1)简述工程物资采购流程与其他商品采购流程的区别。
(2)工程物资采购流程是固定不变的吗?

## 任务 1.3　采购人力资源管理

### 一、任务描述

采购组织机构设置完成以后,为组织机构安排合适的采购人员就显得格外重要。因此,采购人员的综合素质,采购人员的招聘、安排等人力资源管理问题就是本任务所要解决的问题。

### 二、学习目标

1. 掌握采购人员必须具备的综合素质;
2. 熟悉企业采购人员的岗位职责;
3. 了解企业采购人员的招聘管理办法。

### 三、任务实施

#### (一)任务引入、学习准备

**引导问题**

(1)一名合格(优秀)的采购人员应该具备哪些综合素质?
_____
_____

(2)采购人员的岗位职责有哪些?
_____
_____

(3)审视自己与一个合格采购人员的差距,明确努力的方向。
_____
_____

#### (二)实施任务

学生 4~6 人分为一个小组,通过互联网搜集某施工企业对采购人员的素质要求及该企业采购人员的岗位职责,并分析自身与合格采购人员的差距,明确努力的方向。

#### (三)任务知识点

**1. 采购队伍素质要求**

对于采购人员的选用,过去一直比较重视的是"防止作弊,杜绝收受回扣"的观念,因此"忠厚老实"是非常重要的条件。但是随着采购的重要性逐渐提高,采购的复杂性也日益上升。它不再是拿钱买东西那么简单的事情,而变成了一门专业,采购工作不再是那些只具备忠厚老实品质的人就能够胜任的。

采购人员必须具备与工作复杂性相适应的素质和能力,要通过专业化的工作和能力培训达到甚至超过与企业和市场要求相适应的水平。因此,采购人员培训内容包括个人素质与技巧、相关专业知识及采购专业知识等方面,其中谈判技巧是采购人员需要通过培训和实践掌握的一项基本技能。采购人员的管理与发展作为企业或企业人力资源管理与发展的一个重要组成部分,是保障采购能力形成与培养、采购队伍建设与发展的基本内容,因此,采购人员的选用对于企业的发展是非常重要的。作为现代企业,选择好的采购人员主要考虑以下几个方面:

(1)品德方面。

采购工作没有固定规则可循,加上采购行为稽查困难,使得采购工作成为"良心工作"。因此,觉悟高、品行端正是一个采购员应有的基本素质,只有思想品德高尚,才能大公无私、克己奉公,处处为企业大局着想,不贪图个人小利。在实际工作中,有许多采购员拿回扣,要好处费,或借采购之机游山玩水,造成企业采购费用开支过大,或采购商品质量低劣,给企业造成巨大损失。结合我国企业的实际,采购人员做到以下几点:

①志士不饮贪泉之水。

采购人员所处理的"订购单"就是金钱,而采购人员本身就是财富的代表。拥有采购权的业务人员经常会被各种各样的供应商所包围,无论是通过人际关系向采购人员打感情战,还是利用红包、回扣等物质条件进行利诱,采购人员都必须保持廉洁,不能以牺牲企业的利益来换取个人财富的增加,君子爱财,取之有道,违背法律道德的做法终将害人害己。

企业在选择采购人员时,一定要对候选人进行这一方面的考察。只有拥有正直人格的人才能给企业带来财富,才是企业宝贵的人力资源。

②敬业精神。

敬业精神同前一种要求一样,也是从事任何工作的人员都必备的优秀品质,采购人员也不例外。拥有敬业精神是做好本职工作的基本要求,再有才华的人也只有在这一精神下才能做出成绩。采购人员敬业精神的好坏会直接影响企业供应情况。良好的敬业精神可以保证企业供应的稳定,从而保证生产的顺利进行。

③承受困难的毅力。

采购工作是一项重要、艰巨的工作,要与企业内外方方面面的人打交道,经常会受到来自企业内外的"责难",采购人员要具有应付复杂情况和处理各种纠纷的能力,在工作中被误解时,能在心理上承受得住各种各样的"压力"。

④虚心、诚心、耐心。

采购人员和供应商打交道的过程中往往占据主动地位,拥有局面的控制权。但是采购人员对供应商的态度要保持公平互惠,甚至要做到不耻下问、虚心请教,不可趾高气扬、傲慢无礼。与供应商建立良好的合作伙伴关系的过程充满了艰辛,这要求采购人员要有足够的耐心,要有良好的涵养。只有虚心和耐心地同供应商谈判,诚心诚意地与供应商交往,才会换来对方的合作,达到我们的目的。

(2)知识与能力方面。

知识和能力既是相辅相成的,又是相互独立的。知识是能力的强大后盾,能力是知识的反映。作为采购人员,只有专业知识是远远不够的,还要有参加实践的能力,只有这样才能为企业带来财富。

①采购人员应具备的知识。

A. 政策、法律知识。政策、法律知识包括国家出台的各种相关法律、价格政策、专营方向等,采购人员要具备这方面的知识,维护国家与企业的利益。

　　B. 市场知识。了解消费者需要,掌握市场细分策略以及产品、价格、渠道、促销方面的知识,才能合理地选择采购商品的品种,从而保证采购的商品适销对路。

　　C. 业务基础知识。业务知识包括谈判技巧、商品知识(商品功能、用途、成本、品质)、签约的基本知识等,这是做好本职工作的关键,将有助于与供应商沟通,能主动进行价值分析,开发新来源或替代品,有助于降低采购成本。

　　D. 社会心理知识。了解客户心理活动,把握市场消费者的心理需求,从而提高采购工作的针对性。

　　E. 自然科学知识。自然科学知识包括自然条件、地理、气候、环境变化以及数理知识和计算机知识。将现代科技知识用于采购过程,把握市场变化规律,从而提高采购工作的效率和准确性。

　　F. 文化基础知识。这是其他知识的基础,一个文盲是干不好采购工作的。

　　② 能力素质。

　　知识不等于能力,国外心理学家研究表明,要办好一件事,知识起的作用只有 1/4,而能力起的作用占 3/4,可见能力更为重要。要干好采购工作,采购人员同样应具有相应的能力,我们把采购人员应具备的能力归纳为以下几点:

　　A. 市场分析能力。分析市场状况及发展趋势,分析消费者购买心理,分析供货商的销售心理,从而在采购工作中做到心中有数,知己知彼、百战百胜。

　　B. 团结协作能力。采购过程是一个与人协作的过程,一方面采购人员要与企业内部各部门打交道,如与财务部门打交道解决采购资金、报销等问题,与仓储部门打交道了解库存现状及变化等,另一方面采购人员要与供应商打交道,如询价、谈判等。采购人员应处理好与供应商和企业内部各方面的关系,为以后工作的开展打下基础。

　　C. 语言表达能力。采购人员是用语言文字与供应商沟通的,因此,必须做到正确、清晰地表达所欲采购商品的各种条件,如规格、数量、价格、交货期限、付款方式等。如果口齿不清,只会浪费时间,导致交易失败。因此,采购人员的表达能力尤为重要,这是采购人员必须锻炼的能力。

　　D. 成本分析和价值分析能力。采购人员必须具备成本分析能力,会精打细算。买品质太好的商品,物虽美,但价更高,加大成本;若盲目追求"价廉",则必须承担品质低劣的代价或伤害。因此,对于供应商的报价,要结合其提供的商品的品质、功能、服务等因素综合分析,以便买到适宜的商品。

　　E. 前景预测能力。在市场经济条件下,商品的价格和供求在不断变化,采购人员应根据各种产销资料及供应商的态度等方面来预测将来市场上该种商品的供给概况,如商品的价格、数量等。

　　(3) 采购人员应具备的观念。

　　正确的采购观念是必须引导采购人员按客观规律办事,提高采购工作的质量。我们认为现代采购人员应具备的观念有以下几个方面:

　　① 战略观念。

　　战略观念即从企业大局出发,把握企业发展战略目标,使采购工作符合企业整体发展要求。

②经济观念。

经济观念即在采购过程中讲究经济核算,提高购进环节的经济效益。尽量组织本地产品购进,货比三家,择优而购,精打细算,节省开支。

③市场观念。

把握市场发展规律,调整市场变化趋势,善于抓住每一个市场机会。

④竞争观念。

竞争是市场经济条件下的必然现象。在采购过程中充满了竞争,既有采购人员与供应商的竞争,又有同行之间的竞争。竞争会给采购员的工作带来压力,因此要善于竞争,把竞争的压力转化为搞好采购工作的动力。

⑤服务观念。

采购过程实际上是一个服务过程。一方面为供应商服务,在采购过程中着眼于长远利益,为供应商提供力所能及的服务,如提供信息、协助推销、介绍新客户等;另一方面,对企业内部来讲,采购要为企业经营服务。

⑥创新观念。

创新观念即出奇制胜,一方面在采购过程中要有新招数,如开发新货源或选择更好的供应商,提高采购工作的效率;另一方面也要在企业经营项目上独辟蹊径,做到"人无我有、人有我优、人优我廉、人廉我转",从而使企业立于不败之地。

**2. 公司采购信息保密要求**

公司的采购信息包括:物料供应商信息、价格、质量条款等。

公司的采购信息属于公司机密,是公司花费大量的人力和物力成本的产出,任何采购人员都有义务保护这些机密,不得有意或无意泄露,绝不准许向竞争对手提供采购信息和在任何其他公司采购部门兼职。

**3. 采购人员行为要求**

(1)招待。

采购人员可以参加供应商的礼节性招待,但档次、次数要适当。

(2)礼物。

采购人员可以接受具有广告性质的礼品,如印有供应商广告的一件衬衫、一支笔、一本日历等,而且是供应商广泛赠送的;采购人员不允许接受供应商专制的特殊礼物,包括任何试图或可能产生不正当关系的金钱赠予、特殊优惠、拥有股份等。

(3)活动。

采购人员和供应商一起组织活动,是增进公司与供应商沟通的较好途径,但费用必须双方均摊。此外,禁止参加任何不健康的活动。

(4)拒绝。

拒绝任何可能损害采购利益的行为活动;对隐藏的行为不轨的供应商要警惕,下列行为一经发现要及时处理:

①试图利用以往的关系走捷径。

②绕过公司流程。

③利用公司的管理漏洞。

**4. 采购队伍的组建**

采购人员招聘原则同整个企业员工招聘原则相同。通常来讲,采购部门的招聘都是由企业的人力资源部门统一进行的。但是在一些企业中,总经理也授权给企业的部门主管,由其负责部门内部人员的招聘。

(1)员工招聘原则。

由于员工招聘成功与否对企业生存和发展非常重要,所以在日常员工招聘过程中应该体现以下原则:

①高素质和多样性的原则。

②效率优先的原则。

③公平竞争、择优录用的原则。

④内部优先的原则。

(2)招聘方法与渠道。

为了避免安置一个不合格的候选人,企业必须寻找和利用各种应聘者来源。企业可以通过刊登广告或求助于职业介绍所进行招聘,但要招聘到最优秀的人才,必须更加别具匠心。有时为了找到最有价值的人,企业不得不进行深层次的挖掘。通常可以利用的招聘渠道有:

①内部征招。

内部征招是指吸引现在正在企业任职的员工,填补企业的空缺职位。它也是企业重要的征招方法,特别是对于企业管理职位来说,它是重要的应聘者来源,如美国的抽样调查资料显示,90%的管理职位是用内部征招的方法填补的。

A. 内部提升。当企业中有些比较重要的职位需要招聘人员时,让企业内部符合条件的员工从一个较低的职位晋升到一个较高级的职位的过程就是内部提升。

B. 职位转换。将员工从原有的职位调到同层次或下一层次的空缺职位上去的过程称为职位转换。

内部征招可以用不同的方法进行选择,但是企业内部征招通常采取职位公告和职位投标的做法。职位公告是指通过布告或企业的报刊向员工通告企业空缺职位的情况,通常职位公告应该包括职位的责任、义务、必需的资格、工资水平以及其他有关信息。职位投标是指允许那些自认为具备资格的人员申请公告中的职位,即具有资格的申请者在职位投标单上签字。职位公告和职位投标体现了招聘工作的公开性和公平性原则,会大大调动员工的积极性。

②外部征招。

外部征招的方法多种多样,当企业需要员工时,外部征招是必然的选择。

A. 刊登广告。招聘最普通的渠道是刊登广告,虽然这可能是吸引应聘者的一种有效的方式,但有时被称为"花钱求人"的方法——制作一则广告,花钱刊登它,以求有好的反应。现在通常用来刊登招聘广告的媒体包括报纸、杂志、电视、网络等。

B. 员工推荐。一套有效的员工推荐系统,会鼓励员工积极推荐人选,以协助企业的招聘工作。一项优秀的计划,可以使员工成为企业的"猎头"。

C. 顾客推荐。顾客作为员工候选人的一个来源经常被人忽视。顾客本人就可能正在寻求变动职业,或者他们认识的某人就可能成为优秀员工。

D. 大学校园招聘。大学校园招聘曾被认为仅适用于大型企业,现在它已经成为小型企业招聘高素质人才的一个主要来源。

E. 在线招聘。计算机时代使得网上招聘成为可能,如果你打算进行网上招聘,可以考虑以下5种方法:设计自己的网页;利用网上猎头;利用检索器来查找应聘者;在用户信息网上公布工作岗位;通过杂志与应聘者进行交流。

F. 就业机构。就业机构是帮助企业招聘员工和帮助个人找到工作的一种组织,具体是指各种职业介绍所、人才交流中心等。

G. 专职猎头机构。在发达国家,专门为企业招聘高级管理人才或重要专业人才的私人就业机构,被称为"猎头公司"。

(3)甄选。

企业要把合适的人选安排到空缺的职位,必须使招聘过程按照一定的程序进行,而且要求企业借助于科学可行的选拔方法。现代企业进行员工甄选的方法非常多,有效的基本方法有以下几种:

①对工作申请者的背景调查。

②心理测验。心理测验包括智力测验、个性测验、能力倾向测验。

③情景模拟。情景模拟是指根据被测者可能担任的职务,编制一些与该职务实际相似的测试题目,让被测者处理可能出现的问题,以此来测评应聘者的心理素质、潜在能力的一种方法。

④笔试。笔试是通过纸笔的形式了解被测者的知识广度和知识深度的一种方法。在我国企业员工招聘中,笔试历来被广泛利用。

⑤面试。甄选进入到最后一轮都会有一次面谈,有时甚至随着主考官的不断变化安排几次面谈,面谈是通过交流和观察等来了解应聘者的个性、特点、态度、随机应变能力、形象、气质等方面的特性,从而挑到合适的人选。

## 四、任务评价

1. 填写任务评价表

完成以上任务,填写任务评价表,见表1-3。

表1-3 任务评价表

| 考核项目 | 分数 | | | 学生自评 | 小组互评 | 教师评价 | 小计 |
| --- | --- | --- | --- | --- | --- | --- | --- |
| | 差 | 中 | 好 | | | | |
| 搜集资料是否完整 | 8 | 10 | 13 | | | | |
| 搜集资料是否合理 | 8 | 10 | 13 | | | | |
| 工作过程安排是否合理、规范 | 8 | 16 | 26 | | | | |
| 陈述是否完整、清晰 | 7 | 10 | 12 | | | | |

续表1-3

| 任务评价表 | | | | | | | |
|---|---|---|---|---|---|---|---|
| 考核项目 | 分数 | | | 学生自评 | 小组互评 | 教师评价 | 小计 |
| | 差 | 中 | 好 | | | | |
| 是否正确灵活运用已学知识 | 7 | 10 | 12 | | | | |
| 是否积极参与活动 | 7 | 10 | 12 | | | | |
| 是否具备团队合作精神 | 7 | 10 | 12 | | | | |
| 总计 | 52 | 76 | 100 | | | | |
| 教师签字: | | | | 年  月  日 | | 得分 | |

**2. 自我评价**

(1)完成此次任务过程中存在哪些问题?

(2)产生问题的原因是什么?

(3)请提出相应的解决问题的方法。

(4)你认为还需要加强哪些方面的指导(实际工作过程及理论知识)?

## 五、拓展思考问题

(1)采购人员的综合素质有没有主次之分?专业知识是最重要的吗?

(2)应该采取哪些有效措施来控制管理采购人员贪污受贿给企业带来的经济损失?

# 学习情境 2

# 采购计划的编制

## 任务 编制采购计划

### 一、任务描述

"凡事预则立,不预则废",编制采购计划是采购任务顺利完成的重要环节,它的质量直接影响采购物资的数量、时间、品种规格。另外,采购计划也是企业其他计划的重要组成部分,直接影响着其他计划的编制实施。

### 二、学习目标

1. 掌握采购计划的含义及分类;
2. 熟悉编制采购计划的基础资料;
3. 熟练影响编制采购计划的因素。

### 三、任务实施

**(一)任务引入、学习准备**

 引导问题

(1)什么是采购计划,采购计划有哪些类型?

_____
_____

(2)编制采购计划应注重哪些原则?要参照哪些基础资料?

_____
_____

(3)采购计划编制过程中受哪些因素的影响?

_____
_____

## (二)实施任务

### 编制物品采购计划

(1)根据表2-1资料,编制东方公司2014年物品收发平衡表(见表2-2)。

表2-1 2014年主要物品的存储及收支数据表

| 类别 | 品种规格 | 单位 | 年初库存 | 1—11月预计收入 | 12月预计收入 | 1—11月实际发出 | 12月预计发出 | 本年底库存 |
|---|---|---|---|---|---|---|---|---|
| 1.钢材 | 螺纹钢/25mm | t | 100 | 500 | 100 | 400 | 200 | |
| | 工字钢/16# | t | 200 | 600 | 200 | 700 | 150 | |
| | 圆钢/12mm | t | 100 | 300 | 50 | 200 | 100 | |
| | 线材/6.5mm | t | 150 | 400 | 150 | 450 | 150 | |
| 2.建材 | 木材/原木 | m³ | 100 | 500 | 100 | 400 | 100 | |
| | 水泥/425 | t | 400 | 1800 | 300 | 1300 | 800 | |
| | 砖/标准 | m³ | 10 | 50 | 10 | 40 | 10 | |
| 3.刀具 | 刀具 | 把 | 150 | 900 | 50 | 850 | 150 | |
| 4.电料 | 铜电线 | m | 1000 | 3100 | 1600 | 3200 | 1800 | |

表2-2 2014年主要物品收发平衡表

| 品种规格 | 单位 | 年初库存 | 2014年收入 | | | 2014年发出 | | | 本年底库存 |
|---|---|---|---|---|---|---|---|---|---|
| | | | 1—11月预计收入 | 12月预计收入 | 合计 | 1—11月实际发出 | 12月预计发出 | 合计 | |
| 螺纹钢/25mm | t | | | | | | | | |
| 工字钢/16# | t | | | | | | | | |
| 圆钢/12mm | t | | | | | | | | |
| 线材/6.5mm | t | | | | | | | | |
| 木材/原木 | m³ | | | | | | | | |
| 水泥/425 | t | | | | | | | | |
| 砖/标准 | m³ | | | | | | | | |
| 刀具 | 把 | | | | | | | | |
| 铜电线 | m | | | | | | | | |

(2)根据以下资料编制2015年生产用物品核算表(见表2-3)。

①钢材:

A.工字钢:一车间生产甲类产品,2014年预计完成2000件,消耗工字钢850t。2015年的计划任务量为2500件。

B. 圆钢：二车间生产乙类产品，2014年预计完成1800件，消耗圆钢300t。2015年的计划任务量为2000件。预计消耗量将在上年的基础上降低5%。

②刀具：2014年生产甲类产品预计消耗刀具1000把。

表2-3　2015年生产用物品核算表

| 物品名称与规格 | 计量单位 | 2014年预计 | | | 消耗定额 | 预计用量 | 2015年计划 | | | 消耗定额 | 计划用量 | 备注 |
|---|---|---|---|---|---|---|---|---|---|---|---|---|
| | | 产品 | | | | | 产品 | | | | | |
| | | 规格 | 单位 | 产量 | | | 规格 | 单位 | 产量 | | | |
| 工字钢/16# | t | 甲类 | | | | | | | | | | |
| 圆钢/12mm | t | 乙类 | | | | | | | | | | |
| 刀具 | 把 | 甲类 | | | | | | | | | | |

表2-3中的消耗定额与计划用量是通过下面的计算得出。

(3) 已知2015年生产用料，同时根据下列资料，汇总2015年各种物品的需要量，并列入表2-5中。

①2015年基建用料：螺纹钢400t，木材110m³，水泥450t，砖80m³。

②2015年维修用料：螺纹钢100t，圆钢50t，线材90t，木材400m³，水泥600t，砖50m³，铜电线3000m。

③2015年技术改造用料：螺纹钢150t，工字钢130t，木材500m³，水泥300t，砖30m³，铜电线1000m。

④2015年各种物料年底预计库存量：螺纹钢200t，工字钢200t，圆钢180t，线材150t，木材250m³，水泥450t，砖50m³，刀具100把，铜电线700m。

(4) 根据相关计算与整理结果，设物品的年存储费用率为10%，同时运用表2-4的资料，请计算物品的采购经济批量（表2-5经济批量列中空白部分对应的物品；年需要量按表2-5中的2015年采购总量），并列入表2-5中。

表2-4　2015年预计物品单价及每次采购费用表

| 类别 | 物品名称规格 | 计量单位 | 单价/元 | 每次采购费用 |
|---|---|---|---|---|
| 钢材 | 螺纹钢/25mm | t | 4300 | 600 |
| | 工字钢/16# | t | 4350 | 600 |
| | 圆钢/12mm | t | 4000 | 600 |
| | 线材/6.5mm | t | 4100 | 600 |
| 建材 | 木材/原木 | m³ | 3000 | 500 |
| | 水泥/425 | t | 400 | 500 |
| | 砖/标准 | m³ | 211 | 500 |
| 工具 | 刀具 | 把 | 50 | 100 |
| 电料 | 铜电线/BY50 | m³ | 10 | 100 |

计算经济采购批量和采购次数(按四舍五入化为整数)。

(5)根据以上资料,编制 2015 年物品采购计划表(见表 2-5)。

①汇总各种物品需要量。

②编制初步预算。

根据计划表内容,编制 2015 年物品采购计划表。

表 2-5　2015 年物品采购计划表

| 物品名称及规格 | 计量单位 | 上年消耗 | 期初库存 | 2015 年需要量 | | | | | 期末储备 | 2015 年采购 | | | | |
|---|---|---|---|---|---|---|---|---|---|---|---|---|---|---|
| | | | | 合计 | 产量 | 基建 | 维修 | 技改 | | 总量 | 单价/元 | 经济采购批量 | 采购次数 | 预算金额合计/万元 |
| 螺纹钢/25mm | t | | | | | | | | | | | | | |
| 工字钢/16♯ | t | | | | | | | | | | | | | |
| 圆钢/12mm | t | | | | | | | | | | | | | |
| 线材/6.5mm | t | | | | | | | | | | | | | |
| 木材/原木 | m³ | | | | | | | | | | | | | |
| 水泥/425 | t | | | | | | | | | | | | | |
| 砖/标准 | m³ | | | | | | | | | | | | | |
| 刀具 | 把 | | | | | | | | | | | | | |
| 铜电线/BY50 | m | | | | | | | | | | | | | |
| 总　　计 | | | | | | | | | | | | | | |

## (三)任务知识点

### 1.采购计划的概念、分类

(1)采购计划概念。

计划是指管理人员对未来应采取的行动所作的策划和安排。采购计划是指管理人员在了解市场供求情况、认识企业生产经营活动过程和掌握物料消耗规律的基础上对计划期内物料采购管理活动所作的预见性安排和部署。

(2)采购计划分类。

采购计划有广义和狭义之分。广义的采购计划是指为保证供应各项生产经营活动的物料需用量而编制的各种采购计划的总称。狭义的采购计划是指年度采购计划,即对企业计划年度内生产经营活动所需采购的各种物料的数量和时间等所作的安排和部署。采购计划可以从不同角度进行分类:

①按计划期长短,可以把采购计划分为年度物料采购计划、季度物料采购计划、月度物料采购计划等。

②按物料使用方向,可以把采购计划分为生产产品用物料采购计划、维修用物料采购计划、基建用物料采购计划、技术改造措施用物料采购计划、科研用物料采购计划、企业管理用物料采购计划等。

③按物料自然属性,可以把采购计划分为金属物料采购计划、机电产品物料采购计划、非金属物料采购计划等。

### 2. 编制采购计划的基础资料

(1)销售计划。

销售计划是指规定企业在计划期内(年度)销售产品的品种、质量、数量和交货期,以及销售收入、销售利润等。它是以企业与客户签订的供货合同和对市场需求的预测为主要依据编制的。

(2)生产计划。

生产计划是规定企业在计划期内(年度)所生产产品的品种、质量、数量和生产进度以及生产能力的利用程度。它是以销售计划为主要依据,加上企业管理人员的定量分析和判断编制的。生产计划是确定企业在计划期内生产产品的实际数量及其具体的分布情况。生产计划依据销售数量,加上预期的期末存货减去期初存货来拟订。

生产计划决定采购计划,采购计划又对生产计划的实现起物料供应保证作用。企业采购部门应积极参与生产计划的制订,提供各种物料的资源情况,以便企业领导和计划部门制订生产计划时参考。企业制订的生产计划要相对稳定,以免物料供应不上或物料超储积压现象的发生。

(3)物料需用清单。

生产计划只列出产品的数量,无法直接知道某一种产品需要使用哪些物资,以及数量的多少,因此,必须借助物料需用清单。物料需用清单是由研究发展部或产品设计部制成,根据此清单可以精确计算出制造某种产品的物料需求数量,物料需用清单所说的耗用量与实用量相互比较可作为用料管制的依据。

(4)设备维修计划和技术改造计划。

设备维修计划是规定企业在计划期内(年度)需要进行修理设备的数量、修理的时间和进度等。技术改造计划是规定企业在计划期内(年度)要进行的各项技改项目的进度、预期的经济效果,以及实现技改所需要的人力、物资、费用和负责执行的单位等。这两个计划提出的物料需求品种、规格、数量和需要的时间,是编制物料采购计划的依据,采购计划要为这两个计划的实现提供物料保证。

(5)基本建设计划和科研计划。

基本建设计划是规定企业在计划期内(年度)的建设项目、投资额、实物工程量、开竣工日期、建设进度以及采用的有关经济技术定额,这些都是编制采购计划的依据。科研计划规定企业在计划期内(年度)进行的科研项目。科研项目提出的各种物料需求也是编制物料采购计划的依据。另外科研项目需求的物料有"新"、"少"、"急"、"难"的特点。

(6)储量管制卡。

若产品有存货,则生产数量不一定等于销售数量。同理,若物料有库存数量,则物料采购数量也不一定等于根据物料需用清单所计算的物料需用量。因此,必须建立物料存量管制卡,以表明某一物料目前的库存状况;再依据物料需用数量,并考虑采购物料的作业时间和安全存量标准,算出正确的采购数量,然后才开具清单,进行采购活动。目前,很多企业采用计算机管理库存物料,对物料运用条码编码,这样就能够很快地掌握物料库存的动态,为制订采购计划提供物料库存情况。

### 3.影响编制采购计划的因素

(1)年度销售计划。

在激烈的市场竞争下,企业是根据国内销售的情况确定生产经营规模的。当市场没有出现供不应求时,企业年度的经营计划多以销售计划为起点。而销售计划的拟订,又受到销售预测的影响。销售预测的决定因素,包括外界的不可控因素,如经济发展情况(GDP、失业率、物价、利率等)、人口增长、政治体制、文化及社会环境、技术发展、竞争者状况等;内部的可控因素,如财务状况、技术水准、厂房设备、原料及零件供应情况、人力资源及企业声誉等。

(2)年度生产计划。

在一般情况下,企业的生产计划主要依据销售计划编制。若销售计划过于乐观,将使生产计划安排规模过大,产量变成存货,造成企业流动资金周转困难;反之,过度保守的销售计划,将使企业压缩生产计划规模,产量不足以供应顾客所需,丧失了创造利润的机会。因此,生产计划常常因为销售人员对市场的需求量估算失当,造成生产计划朝令夕改,也使得采购计划与预算常常不得不调整修正,物料供需长久处于失衡的状况。

(3)用料清单。

在企业中,特别是在高新技术行业中,为适应市场需求,产品研究开发层出不穷,用料清单难以做出及时的修订,致使根据产量所计算出来的物料需求数量,与实际的使用量或规格不尽相符,造成采购数量过多或不足,物料规格过时或不易购得,从而影响企业生产经营。因此,为保证采购计划的准确性,必须依赖最新、最准确的用料清单。

(4)存量管制卡。

由于应该采购数量必须扣除库存数量,因此,存量管制卡记载是否正确,是影响采购计划准确性的因素之一。这包括实际物料与账目是否一致,以及物料存量是否全为优良品。若账目上数量与仓库架台上的数量不符,或存量中并非全部都是规格正确的物资,这将使仓储的数量低于实际上可使用的数量,从而导致采购计划中的应该采购数量偏低。

(5)物料标准成本的设定。

在编制采购预算时,因对将来拟采购物料的价格不易预测,所以多以标准成本替代。如果标准成本的定制,缺乏用过去的采购资料作依据,也没有工程技术人员严密精确地计算其原料、人工及制造费用等组合或生产的总成本,则很难保证其正确性。因此,标准成本与实际购入价格的差额,是采购预算正确性的评估指标。

(6)劳动生产率。

生产效率的高低将使预计的物料需求量与实际耗用量产生误差。产品的生产效率降低,会导致原物料的单位耗用量提高,使采购计划中的数量不能满足生产需求。过低的生产率,也会导致经常进行修改作业,从而使得零部件的损耗超出了正常使用量。所以,当生产效率有降低趋势时,采购计划必须将此额外的耗用率计算进去,这样才不会发生物料短缺的现象。

(7)价格预期。

在编制采购预算中,常对物料价格涨跌幅度、市场景气或萧条、汇率变动等进行预测,并将其列为调整预测的因素。然而由于个人主观判定与事实的演变常有差距,这也可能会造成采购预算的偏差。

由于影响采购计划的因素很多,故在采购计划拟订之后,还必须与产销部门经常保持联系,并针对现实情况作出必要的调整与修订,才能实现维持正常产销活动的目标,并协助财务部门妥善规划资金的使用。

## 四、任务评价

**1. 填写任务评价表**

完成以上任务,填写任务评价表,见表 2-6。

表 2-6 任务评价表

| 考核项目 | 分数 | | | 学生自评 | 小组互评 | 教师评价 | 小计 |
|---|---|---|---|---|---|---|---|
| | 差 | 中 | 好 | | | | |
| 计划编制是否完整 | 8 | 10 | 13 | | | | |
| 数据计算是否准确 | 8 | 10 | 13 | | | | |
| 工作过程安排是否合理、规范 | 8 | 16 | 26 | | | | |
| 陈述是否完整、清晰 | 7 | 10 | 12 | | | | |
| 是否正确灵活运用已学知识 | 7 | 10 | 12 | | | | |
| 是否积极参与活动 | 7 | 10 | 12 | | | | |
| 是否具备团队合作精神 | 7 | 10 | 12 | | | | |
| 总计 | 52 | 76 | 100 | | | | |
| 教师签字: | | | | 年  月  日 | | 得分 | |

**2. 自我评价**

(1)完成此次任务过程中存在哪些问题?

(2)产生问题的原因是什么?
_____
_____

(3)请提出相应的解决问题的方法。
_____
_____

(4)你认为还需要加强哪些方面的指导(实际工作过程及理论知识)?
_____
_____

## 五、拓展思考问题

(1)企业为什么要编制采购计划?
(2)在什么情况下需要编制采购计划?
(3)依据什么去编制采购计划?
(4)采购计划包括哪些内容?
(5)制造企业和商业企业的采购计划编制有什么区别?

# 学习情境 3

# 采购质量、数量、价格控制

## 任务 3.1 物资采购质量管理保障体系构建

### 一、任务描述

"工欲善其事,必先利其器",工程物资以及设备的质量直接关系到施工质量的好坏,关系到人民生命财产安全。因此,建立采购质量管理保障体系,构筑物资设备质量的第一道防线,其意义重大。

### 二、学习目标

1. 熟悉物资质量、采购质量、采购质量管理的含义;
2. 掌握物资采购质量管理的内容;
3. 掌握采购质量管理保障体系的内容;
4. 熟练掌握物资采购质量管理的方法。

### 三、任务实施

**(一)任务引入、学习准备**

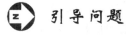 引导问题

(1)如何理解产品的质量?(水泥、钢材、砂石料等的质量)

_____
_____

(2)如何理解采购质量?采购质量管理的含义是什么?

_____
_____

(3)采购质量管理保障体系的主要内容是什么?施工企业构建采购质量管理保障体系有什么重大意义?

_____
_____

## (二)实施任务

学生4~6人分为一个小组,通过分工协作构建施工企业物资采购质量管理保障体系,要求分工明确,内容完整,条理清晰。

## (三)任务知识点

### 1. 质量的定义

质量是一个广泛的概念,不同的管理学家有不同的看法。根据哈佛商学院大卫·加温教授的观点,它至少包括七种含义:①性能——产品或服务的功能;②特征——附加到产品或服务上的各种次要的感知特性;③耐久性——在一定时期内失灵的概率;④合格性——满足规格;⑤服务性——维护性和容易安装;⑥美观性——外观、气味、感觉和声音;⑦印象质量——顾客眼中的形象。从采购角度看,它还有一种含义,即"可采购性",即市场上长期和短期的、在合理价位上的可获得性以及产品性能不断改进的能力。质量是反映实体满足明确和隐含需要的能力的特性总和。

### 2. 采购质量

采购质量是指与采购活动相关的质量问题,采购质量的好坏直接影响企业最终产品的质量。采购质量对采购活动提出了必须面对和解决的三个问题:一是怎样把质量管理原理运用在采购部门自身的运作当中;二是怎样与供应商合作,不断改进和提高产品的质量;三是怎样建立采购质量管理保证体系。

### 3. 采购质量管理

采购质量管理工作的主要内容包括三方面:一是采购部门本身的质量管理;二是对供应商的评估认证,以及产品的验收、把关等工作;三是采购质量管理保证体系的建立与运转。因此,采购质量管理就是指对采购质量的计划、组织、协调和控制,通过对供应商进行质量评估和认证,从而建立采购管理质量保证体系,保证企业物资供应活动的总称。

采购质量管理的目标就是保证采购物料的质量符合规定的要求,就是要保证采购的物料能够达到企业生产所需要的质量要求,保证企业用其生产出来的产品个个都是质量合格的产品。保证质量,也要做到适度。质量太低不行,但是质量太高,一是没有必要,二是必然造成价格升高,增加购买费用,也是不划算的,所以,进行物资采购,要在保证质量的前提下尽量采购价格低廉的产品。

### 4. 采购质量管理保障体系的主要内容

(1)采购部门的质量管理。

采购部门本身的质量管理是企业质量管理的一项基本管理活动,它的根本任务是根据生产的需要,保证采购部门适时、适量、适质、品种齐全地向生产部门提供各种所需物料,做到方便生产、服务良好、提高经济效益。

①物料采购计划工作。

首先,采购部门要进行物料需求分析,在面临较复杂的采购情况下,一般是在多品种、多批次需求的情况下,涉及企业各个部门、工序、材料、设备、工具及办公用品等各种物资,因此应进行大量的、彻底的统计分析,并在此基础上编制物料采购计划,并检查、考核执行情况。

②物料采购组织工作。

依据物料采购计划,按照规定的物料品种、规格、质量、价格、时间等标准,与供应商签订订货合同或直接购置。

A. 运输与组织到货。确定供应商与采购方式后,根据采购计划内容(包括质量、运输方式、交货时间、交货地点等)要求,组织运输与到货,并保证在合理的时间内提前完成。

B. 验收。物料运到企业后,根据有关标准,经有关部门对进厂物料进行品种、规格、数量、质量等各方面的严格检验核实后,方可入库。

C. 存储。对已入库的物资,要按科学、经济、合理的原则进行妥善的管理,保证质量完好、数量准确、方便生产。

D. 供应。根据生产部门的需要,组织好生产前的物资准备工作,按计划、品种、规格、质量、数量及时发送。

③物料采购供应的协调工作。

在一个企业中,采购部门与生产部门由于分工往往会产生矛盾与冲突,这时就需要协调。协调的对象归根到底是人际关系。通过沟通克服阻力,从企业的目标和利益出发进行沟通和协调,从而达到提高产品质量和经济效益的目的。

④物料采购供应的控制工作。

(2)供应商的管理。

在供应链管理的环境下,为了降低企业的成本,往往需要减少供应商的数量。当然,供应链合作关系也并不意味着单一的供应商。从供应链管理的需要和采购产品的质量出发,企业采购质量管理要求进行评估供应商、建立采购认证体系以及物料的验收工作。

①评估供应商。

为了对供应商进行系统的、全面的评价,就必须建立一套完善的、全面的综合评估指标体系。

第一,建立有效的供应商评估指标体系。评估指标体系主要包括供应商的业绩、管理水平、人力资源开发、成本控制、技术开发,特别是质量控制、交货期、运输条件、用户满意度等指标。

第二,分类进行评估。可以把供应商分成两类:一是现有的供应商;二是潜在的供应商。对于现有的合格的供应商,每个月进行一次调查,着重对价格、交货期、合格率、质量等进行正常评估,1~2年进行一次详细的评估。对于潜在的供应商,其评估内容要详细一些,首先是根据产品设计对原材料的需求,寻找潜在的供应商,由其提供企业概况、生产规模、生产能力、经营业绩、ISO9000认证、安全管理、样品分析等基本情况;然后进行报价,接着对供应商进行初步的现场考察,考察时可以按照ISO9000系列标准进行;然后汇总材料,小组讨论,在进行供应商资格认定后,再由相关部门进行正式的考察。如果认为该供应商可以接受,就可以进行小批量供货,一般考察3个月后,如果没有问题,再确定为正式的供货商。

第三,保持动态平衡。在供应链管理的前提下,企业的需求和供给都在不断变化,因此在保持供应商相对稳定的情况下,根据实际情况及时修改供应商评估标准,或者进行新的供应商评估。因此,合格供应商的队伍应当始终保持动态平衡的状态,从而形成一种激励机制和竞争机制,提高产品质量。

第四,抓住关键问题。在评估指标体系中,质量是最基本、最重要的前提。虽然价格也很重要,但只有在保证质量的前提下,讨论价格才有意义。

此外,在评估指标体系中,供应商在行业中的地位、声誉、信用状况、领导的素质也具有很重要的参考价值。

②建立采购认证体系。

采购认证体系是针对采购流程的质量而言的,对采购的每个环节都要从质量的角度进行控制。在这个体系下,通过对供应商提供的产品质量进行检验,从而控制供应商的供应质量。

第一,对选择的供应商进行认证,具体内容包括以一定的技术规范考察供应商的软件和硬件。软件是指供应商的管理水平、技术能力、工艺流程、合作意识等;硬件是指供应商设备的先进程度、工作环境的完善性等。

第二,对供应商提供的样品进行试制认证,这可分两个阶段:第一阶段,对供应商外协加工的过程进行协调监控,如设计人员制定的技术规格和供应商实际生产过程是否存在出入;第二阶段,认证部门组织设计、工艺、质量管理等部门相关人员对供应商提供的样品及检验报告进行评审,看其是否符合企业的技术规格和质量要求。

第三,对供应商提供的小批量物料进行中试认证。这是由于对物料的质量检验主要是通过测量、检查、试验、度量,与以往规定的标准进行比较看其是否吻合,但是样品认证合格不代表小批量物料能符合质量要求,往往小批量物料的质量与样品的质量存在差异,因此,中试认证是必要的。

第四,对供应商提供的批量物料的批量认证。其质量控制表现在两个方面:一是控制新开发方案批量生产的物料供应质量的稳定性;二是控制新增供应商的批量物料供应质量的稳定性。

③物料的验收工作。对于质量连续不合格的物料供应商,要做到:一方面提请供应商进行质量改进;另一方面,如果供应商的物料质量已经达到极限,则应从物料设计系统入手,重新选择适合大批量生产的物料种类。

对于质量连续符合标准的物料供应,则可以考虑对供应商实行免检。实行免检的物料,事先要签订"质量保证协议",并列出相应的处罚措施,并从合同上对供应物料质量进行制约,提高供应产品的质量。

(3)采购质量管理保证体系。

质量保证是指质量控制所采用的方法和程序,也就是系统地检查产品的功能、产品的生产过程,以保证产品满足要求。

采购质量管理保证体系是指用于采购质量控制的方法和程序的综合。采购质量管理保证体系通常记录在企业的质量手册中。质量手册中主要包括采购质量的制定、评估、控制和保证、采购质量控制方法、供应商的选择评估以及考核等一些内容。

采购质量管理保证体系的内容包括以下几个方面:

①明确的采购质量目标、采购质量计划和采购质量标准。

采购质量目标就是开展采购质量管理工作所要预期达到的成果。采购质量目标就是要保证采购的产品能够达到企业生产所需要的质量要求,保证企业用之生产出来的产品个个都是质量合格的产品。采购质量目标与采购质量成本有关。质量成本是指为了确保和保证满意的质量而发生的费用以及没有达到满意的质量所造成的损失。研究表明,产品的最终成本中有30%~40%可以归结为质量成本。质量成本包括的含义很广,大部分的质量成本可以用货币来衡量,但有的由于质量不良带来的损失无法用货币衡量,如企业信誉的损失。

采购质量成本包括采购预防成本、采购鉴定成本、内部故障成本和外部故障成本四部分内容。采购预防成本是指评价供应商的质量保证体系,与供应商一起对检验人员实施培训,制定物料的质量标准以及与供应商联系的费用。采购鉴定成本是指对供应商进厂的物料进行检验、试验以及对设备维护等所发生的费用。内部故障成本是指由于采购的物料不合适而进行的返修、退货、索赔等活动所发生的费用,还包括停工待料所造成的损失。外部故障成本是指由于采购的物料的缺陷在顾客处显示出来所造成的损失,如保修费用、退货损失、索赔费用、诉讼费用以及库存产品的降价损失。

采购质量成本可以用采购质量成本率来衡量,采购质量成本率的计算公式为:

$$采购质量成本率＝(总采购质量成本/总采购成本)\times 100\%$$

总之,采购质量目标就是尽可能降低采购质量成本。

②严格的采购质量责任制。

对于企业管理中重复出现的工作,把它们的处理过程制定为标准,纳入规章制度,这就是管理制度。把采购管理工作中有关质量管理业务工作流程经过分析,使之合理化,并固定下来,这就是采购质量管理制度。建立采购质量管理制度可以使采购质量管理条理化、规范化,避免职责不清,相互脱节、相互推诿,所以它既是采购管理质量保证体系的重要内容,又是建立采购管理质量保证体系的一项重要的基础工作。

第一,加强进货检验的质量管理。加强进货检验的质量管理包括:进货的验收、隔离、标志等;进货检验或试验的方法及判断依据等;所使用的工具、量具、仪器仪表和设备维护及使用的要求;对检验员、试验员的技能要求。

第二,做好采购质量记录。做好与采购质量有关的记录:一是与接收产品有关部门的记录,如验收记录、进货检验与试验报告、不合格反馈单、到供应商处的验证报告等;二是可追溯的有关的质量记录,如验收记录、发货记录、检验报告、使用记录等。

第三,采购质量的检查。采购质量检查的主要内容有:是否与供应商建立并保持采购质量控制的书面程序。选择供应商时要审查供应商的资格和供应能力,对按ISO9000要求选择的供应商,要对其质量体系进行审核。对供应商要进行供货能力的评估和持续供货能力的评估,要保存好供应商的档案。

第四,制定好采购文件。采购文件在制作前,首先对采购的物资进行验证,对供应商进行验证,并保存好记录和验证合同;其次对采购物资的适应性进行认真审核。

第五,制定详细的质量保证协议。要与供应商达成明确的质量保证协议,其中的要求要得到供应商的认可,其中的质量要求要充分适当,充分考虑其有效性、成本、风险等方面的因素。通常质量保证协议要包括供应商的质量体系、货物的检验、试验数据以及过程控制记录,供应商进行全检或批次抽样检验的记录。企业对供应商的质量体系要进行评估,对接受的货物要进行检验。

第六,制定采购物资验证方法的协议。采购物资验证方法的协议的作用是对供应商提供的产品的验证方法作出明确规定,同时防止由于验证方法的不一致所产生的对产品质量评估的争议。企业要与分承包方达成明确的验证方法的协议,协议中规定的质量要求和检验、试验与抽样方法应得到双方的认可和充分理解。通常验证方法的协议的内容有:检验或试验依据的规定(规范)、使用的设备工具和工作条件、判断的依据、双方交换检验数据和试验数据方面的协议和方法以及双方互相检查检验或试验的方法、设备、条件和人员技能方面的要求。

③专职的采购质量管理机构。

为了使采购质量管理保证体系能够卓有成效地运转,使采购部门所采购的产品符合规定的要求,需要建立一个负责采购质量的组织、协调、督促、检查工作的部门,作为采购质量管理保证体系的组织保证,这个部门就是专职的采购质量管理机构。

采购质量管理专职机构建立以后,其他部门仍然要负起相应的采购质量责任。有了采购质量管理专职机构,就能起到协调技术部门、使用部门与采购部门的作用,协调供应商与采购部门的作用,使各部门配合得更好。因此,设立采购质量管理专职机构能够避免各自为政现象的发生,更好地发挥综合优势,更好地提高采购质量。

采购质量管理专职机构在组织开展采购质量管理保证体系活动中的主要作用有:

第一,统一组织、协调采购质量管理保证体系的活动,帮助和推动各方面采购质量管理工作的开展。

第二,提高采购质量管理活动的计划性,把采购质量管理保证体系各方面的活动纳入计划轨道。

第三,对各部门的采购质量管理职能和采购质量保证的任务,经常进行检查和监督。

第四,统一组织采购质量管理信息的流通和传递,并使之充分而有效地发挥作用。

第五,研究如何提高采购质量管理保证体系的功效。

第六,掌握采购质量管理保证体系的动态,积极组织内部及组织与供应商之间新的协调和平衡。

由于企业的生产类型、规模、工艺性质、生产技术特点、生产组织形式的不同,采购质量管理专职机构在各个企业也不一样,它可以是由采购副总经理领导下的采购质量管理小组(或委员会),也可以是由采购部门设立的一个单独的采购质量管理机构。这种机构是企业领导执行采购质量管理职能的参谋、助手和办事机构,负责采购质量的组织、协调、督促、检查工作和综合有关部门和供应商的采购质量管理活动,是整个采购质量管理保证体系的反馈中心。

采购质量管理专职机构在采购质量管理保证体系中的主要职能是:协助采购副总经理进行日常采购质量管理工作;开展采购质量管理宣传教育;组织采购质量管理活动;编制采购质量管理计划,督促检查采购质量管理计划的完成情况;制定减低质量成本的目标和方案,协同财务部门进行质量成本的汇集、分类和计算;协调有关部门的采购质量管理活动;研究和推广先进的采购质量管理方法;指导采购质量管理小组的活动;组织供应商的评估、采购产品的质量调查、进行采购质量评价等。

④采购管理业务标准化和管理流程程序化。

⑤高效、灵敏的采购信息反馈系统。

⑥供应商的质量保证活动。

供应商的质量保证活动是采购质量管理保证体系的重点,也是开展全面质量管理的一个重要组成部分。供应商质量保证活动的主要内容有:

第一,基于预防的质量管理方法。

要认真准备订单说明书,充分的准备使采购工作成功了一半,说明书中要有详细的设计部门提供的参数以及包装、运输等方面的说明。要对供应商进行初步的资格认定,了解供应商的交付能力;然后由专门小组对供应商的质量体系进行调查,形成调查报告,对在调查中发现的问题进行讨论并就改进方法达成一致意见；对改进方法记录文件要定期进行检查。要进行样品检验，供应商提供的样品要经过设计部门的检验，作为衡量供应商的标准。下一步是让供应商进行试生产，对供应商的生产过程进行审查，审查的重点在于供应商的过程控制和质量控制，双方就审查过程中发现的问题交换意见，达成共识，然后产品正式投产。双方签订质量协议，其目的是保证产品质量满足供需双方达成的要求。通过上述方法，采购方可以实行抽检，甚至免检，减少进货成本，这也是质量成本的主要来源。

第二，对供应商进行定期验证检查和评估。

对供应商进行审查和评估主要包括产品审查、工艺审查和系统审查三个方面。产品审查可以发现供应商各方面运转的良好程度，如采购方的拒收率。拒收率可以反映产品的质量水平。工艺审查是通过对供应商的工艺系统调查来判断其工艺是否满足标准要求，通常审查4M（人员 men，材料 materials，设备 machines，方法 methods），它是检查操作者是否用适当的设备和技术保证生产出合格的产品。系统审查是将质量体系与外部标准进行比较，标准可以是企业自行制定的，或者是权威认证机构制定的，如ISO9000标准。

另外，采购方可以与供应商签订采购物资验证方法的协议。这个协议的作用在于对供应商提供产品的验证方法作出明确规定，防止由于检验方法不一致所产生的对产品质量评价的不一致而引起的质量争议。对验证方法协议的要求包括：一是与分承包方达成明确的验证方法协议；二是协议中规定的质量要求和检验试验与抽样方法应得到双方认可和充分理解。

第三，实施供应商质量保证，要明确供应商在哪些方面进行了质量保证。

采购部门要加强质量管理，明确是谁负责与供应商保持联系，谁负责选择供应商，与供应商的沟通口径必须一致。采购部门要树立质量第一的思想，同时供应商要及时得到质量信息的评估和反馈，这通常是以评估报告的形式进行的。

全面质量管理是一种关注顾客满意度的管理哲学和体系，在质量管理中，可以是企业内部的，也可以是外部的。在供应链上，任何在供应链上接受产品的人都是顾客。全面质量管理同样适用于采购质量管理，要提高采购质量，同样离不开有关部门和人员的通力合作，因此，企业的员工必须不断努力改进采购质量，要将采购质量与整个企业的业务活动融合在一起，要以顾客的满意度作为采购质量管理的目标，要加强与供应商的合作与管理。

## 四、任务评价

### 1. 填写任务评价表

完成以上任务，填写任务评价表，见表3-1。

表 3-1 任务评价表

| 考核项目 | 分数 | | | 学生自评 | 小组互评 | 教师评价 | 小计 |
| --- | --- | --- | --- | --- | --- | --- | --- |
| | 差 | 中 | 好 | | | | |
| 质量保障体系内容是否完整 | 8 | 10 | 13 | | | | |
| 质量保障体系是否合理 | 8 | 10 | 13 | | | | |
| 工作过程安排是否合理、规范 | 8 | 16 | 26 | | | | |
| 陈述是否完整、清晰 | 7 | 10 | 12 | | | | |
| 是否正确灵活运用已学知识 | 7 | 10 | 12 | | | | |
| 是否积极参与活动 | 7 | 10 | 12 | | | | |
| 是否具备团队合作精神 | 7 | 10 | 12 | | | | |
| 总计 | 52 | 76 | 100 | | | | |
| 教师签字： | | | | 年  月  日 | | 得分 | |

**2. 自我评价**

(1)完成此次任务过程中存在哪些问题？

_____

(2)产生问题的原因是什么？

_____

(3)请提出相应的解决问题的方法。

_____

(4)你认为还需要加强哪些方面的指导(实际工作过程及理论知识)？

_____

## 五、拓展思考问题

(1)物资采购质量管理保障体系中哪个环节最重要？
(2)供应商管理的重点是什么？

## 任务3.2 物资采购数量的控制

### 一、任务描述

采购数量偏大的负面影响很多,比如:资金占用,设施场地不足,掩盖供应商延迟交货,物资保管费迅速上升,等等。采购数量不足又直接影响施工生产和进度。因此,利用科学的方法准确计算物资采购数量,既可以保证施工生产顺利进行、保证工期,同时又可以减少资金占用、提高设施场地的利用率,其意义重大。

### 二、学习目标

1. 了解采购数量控制的含义(1根筷子、3根筷子都没有办法进食,只有2根筷子才能吃饭);
2. 熟练掌握常用的数量控制的方法;
3. 熟悉影响库存的因素。

### 三、任务实施

#### (一)任务引入、学习准备

 引导问题

(1)物资采购数量管理(库存控制)的具体含义是什么?
_____
_____

(2)常用的物资采购数量控制方法有哪些?什么是订货策略?
_____
_____

#### (二)任务实施

(1)试用ABC分类管理法完成下题(见表3-2),并针对分类结果说明每种物资的库存控制措施。

表3-2 物资种类与金额

| 序号 | 大类 | 器材名称 | 种类金额/万元 |
|---|---|---|---|
| 1 | 19 | 火工产品及放射性材料 | 481264.00 |
| 2 | 37 | 石油专用仪器仪表 | 100841.90 |
| 3 | 32 | 电工材料 | 2572.52 |
| 4 | 36 | 电子工业产品 | 521.26 |

续表 3-2

| 序号 | 大类 | 器材名称 | 种类金额/万元 |
|---|---|---|---|
| 5 | 21 | 劳动保护用品 | 5653.25 |
| 6 | 7 | 油品 | 1448.69 |
| 7 | 20 | 轻纺产品 | 1747.92 |
| 8 | 14 | 橡胶及制品 | 1046.60 |
| 9 | 55 | 重型汽车配件 | 10331.52 |
| 10 | 60 | 杂品 | 6325.02 |
| 11 | 17 | 通用化工产品 | 811.17 |
| 12 | 54 | 内燃机及拖拉机配件 | 309.47 |
| 13 | 56 | 一般汽车配件 | 629.24 |
| 14 | 40 | 工具器具 | 848.45 |
| 15 | 34 | 日用电器 | 485.26 |

(2)某企业生产使用 A 物资,平均每天使用 1t,采购提前期为 1 个月,假设安全库存为 A 物资半个月的用量,且该企业每个月制订生产计划一次。若采用定量订货法,请问 A 物资的订货策略是怎样的?(假设每月 30 天)

(3)某物料的采购提前期是 10 天,每日需求为 20t,安全库存为 200t。

①如果企业采取定期订货法采购,每 30t 采购一次,订购当日的实际库存为 450t,已经订购但尚未到货的数量为 45t,求订货批量。

②若采用定量订货法,试确定其订货点。

(4)宝马公司拟制订下年度甲种钢材物资采购计划,现有报告期前三季度该种物资入库的原始统计资料,如表 3-3 所示,预计下次进货时间在 10 月 27 日。已知该钢材日均需用量为 2.80t,验收需 3 天,使用前准备需 1 天。甲种钢材供应充足,不需用设立季节性储备。试确定宝马公司甲种钢材的经常储备定额、保险储备定额、物资储备。

表 3-3 前三季度物资入库的原始资料

| 供货单位 | 入库时间 | 入库数量/t |
|---|---|---|
| 福建钢铁公司 | 1 月 15 日 | 100 |
| 福建钢铁公司 | 2 月 19 日 | 90 |
| 福建钢铁公司 | 3 月 16 日 | 80 |
| 福建钢铁公司 | 5 月 5 日 | 100 |
| 福建钢铁公司 | 6 月 2 日 | 120 |
| 福建钢铁公司 | 7 月 20 日 | 100 |
| 福建钢铁公司 | 8 月 25 日 | 110 |
| 福建钢铁公司 | 9 月 26 日 | 100 |

## （三）任务知识点

### 1. 库存管理概述

（1）采购数量与库存。

①采购数量与采购数量管理。

采购数量是指采购商为保证企业正常生产经营活动而向供应商所购买货物的多少。采购数量是指除采购商每次向供应商所购买的物资多少外，还包括现有库存数量情况。采购数量是否合理直接影响到企业的生产经营与总成本水平。

采购数量管理是指根据本企业生产需要，结合库存现有水平，在确保企业采购总成本最小的前提下，确定一个合适的订货批量、订货周期等的有关计划、组织、协调和控制活动。因此，采购数量管理的核心就是库存控制与管理。

②库存的基本概念。

库存是一种暂时处于闲置状态的应用于将来的资源。通俗地讲，库存是指企业在生产经营过程中为现在和将来的耗用或者销售而储备的资源。广义的库存包括处于制造加工状态和运输状态的物品。设置库存的目的是预防不确定性的、随机的资源需求变化，保持生产的连续性、稳定性。

③库存分类。

A. 按照库存状态分类，库存可以分为：

a. 原材料库存。

b. 半成品库存。

c. 成品库存。

B. 按照作用分类，库存可以分为：

a. 周转库存。为了降低采购成本或生产成本，进行批量性采购或批量性生产，由此产生的批量性周期库存，称为周转库存。平均周转库存量等于 $Q/2$，其中，$Q$ 为订货批量。

b. 安全库存。为了解决因需求不正常变化引起的缺料，而设置一定数量的库存，称为安全库存。

c. 调节库存。用于调节供需不平衡而设置的库存，称为调节库存。

（2）库存的作用。

库存的主要作用在于能有效地促进供需平衡，保证生产正常进行。具体如下：

①维持销售商品的稳定。销售型企业必须保持一定数量的库存，以应付市场的变化，保证正常供应，改善服务质量。

②维持生产的稳定。企业按销售订单与销售预测来安排生产计划，并制订采购计划，下达采购订单。因采购物品需一定的提前期，但仍存在有可能拖后或延迟的风险，从而影响企业正常的生产等，因此，需要一定的材料库存。

③平衡企业物流。库存在企业采购、供应、生产和销售各物流环节中起着很好的平衡作用。

④平衡企业流动资金占用。库存材料、在制品和成品是企业流动资金的主要占用部分，所以库存量的控制实际上就是进行流动资金的平衡。

2.影响库存的因素

(1)客户服务水平。

众所周知,为了最大限度地满足客户可得性而大量提高库存是非经济的。库存要考虑行业竞争企业间的标准惯例,同时就一般情况而言,信守交货承诺比交货速度对客户更重要,更能体现客户服务水平。人们也意识到通过对库存管理水平的提高,同样可以达到提高客户服务水平的目的。但相对而言,客户服务水平的提高与库存数量等依然存在正相关的关系。

(2)订货批量。

由于采购策略的不同,对库存的影响也不同。如果采购次数频繁,采购批量小,库存数量就少;采购次数少,采购批量大,库存数量就大。因此,采购策略对库存有直接影响。在此基础上,产生了通过控制采购批量来控制库存的方法——经济订货批量法,就是对采购时间、数量等进行控制,从而达到控制整个库存的目的。

(3)物流渠道中货物流转的速度。

由于生产和销售的连续性,必须考虑物流渠道中货物流转的速度。货物在渠道中流转速度快,对库存的依赖就会减少,库存数量就会下降;货物在渠道中流转速度慢,不确定因素随时间的增加而增加,导致周转和安全库存都必须有相应的增加。

(4)预测精确度。

对相关需求的预测由于最终产品的确定是非常准确的,库存也是固定的;对独立需求的预测则由于需求的不规律性而导致预测不精确。因此,对独立需求库存而言,预测越精确,不必要库存就越少,安全库存量也就越少。事实上,如果可以100%精确预测补货提前期和需求,就不需要安全库存。

(5)供应和销售的波动幅度。

供应和销售都会因为各种原因产生波动,如意外事件、市场的价格波动、消费者偏好的变化、新产品的推出等。此外,供应和销售本身就存在一定的波动幅度。因此,为了保证生产和销售,不得不按照波动幅度保有一定的库存,以保证生产和销售的需求。对此,可以根据产品在不同的生命周期波动幅度不同等性质和其他因素随波动幅度的变化调节库存。

(6)库存成本。

成本是决定库存量最根本的因素,适当的库存量控制是在实现总成本最低的情况下实现的。因此,成本因素对库存产生以下重要影响:

①采购成本。

补货时采购商品的相关成本往往是决定再订货数量的重要经济因素。发出补货订单后,就会产生一系列与订单处理、准备、传输、操作、购买相关的成本。确切地说,采购成本(procurement costs)可能包括:不同订货批量下产品的价格或制造成本;生产的启动成本;订单经过财务、采购部门的处理成本;订单(常常通过邮寄或电子方式)传输到供应地的成本;货物运输成本(若采购价格不含运输费用);在收获地点的所有物料搬运或商品加工成本。如果企业有内部供货,如企业为自己的成品库补货,采购成本就要反映生产启动成本随之发生的变化。如果采用的是运到价格,那么就不涉及运输成本。

上述有些采购成本相对每个订单而言是固定的,不随订单订货规模而变化。其他的一些情况,如运输成本、生产成本和物料搬运成本则不同程度地随订货规模发生变化。在分析时,需要对各种情况加以区别对待。

②库存持有成本。

库存持有成本(carrying costs)是因一段时期内存储或持有商品而导致的,大致与所持有的平均库存量成正比。该成本可以分成四种:空间成本、资金成本、库存服务成本和库存风险成本。

A. 空间成本。空间成本(space costs)是因占用存储内立体空间所支付的费用。如果是租借的空间,存储费用一般按一定时间内存储产品占据的空间来计算,如元/平方米·月。如果是自有仓库或合同仓库,则空间成本取决于分担的运营成本,这些运营成本都是与存储空间相关的(如供暖和照明);同时还取决于与存储量相联系的固定成本,如建筑和存储设施成本。在计算在途库存持有成本时,不必考虑空间成本。

B. 资金成本。资金成本(capital costs)是指库存占有资金的成本。该项成本可占到总库存的80%,但同时也是各项库存持有成本中最捉摸不定的、最具主观性的一项。其原因有两个:第一,库存是短期资产和长期资产的混合,有些存货仅为满足季节性需求的服务,而另一些则为迎合长期需求而持有。第二,从优惠利率到资金的机会成本,资金成本差异巨大。人们对用于库存的资金成本的确切数额已争论多时。许多企业使用资金成本的平均值,另一些则使用企业投资的平均回报率,也有人认为最低资金回报率最能准确反映真实的资金成本。最低资金回报率是企业所放弃的获利最高的投资项目的回报率。

C. 库存服务成本(inventory service costs)。保险和税收也构成库存持有的一部分,因为它们的大小基本上取决于持有的库存量。保险作为一种保护措施,帮助企业预防火灾、风暴或偷盗所带来的损失。税收评估水平只能粗略反映一年的平均库存水平。一般而言,税收只占总持有成本的很小比重。税收也很容易从会计报表或公共记录中获得。

D. 库存风险成本(inventory risk costs)。库存风险成本是与产品变质、偷窃、破损或报废相关的费用,是构成库存持有成本的最后一项。在保有库存的过程中,一部分存货会被污染、损坏、腐烂、被盗或由于其他原因不适于或不能用于销售。与之相关的成本可用产品价值的直接损失来估算,也可用从新生产产品或从备用仓库供货的成本来估算。

③缺货成本。

当客户下达订单,但所订货物无法由平常所指定的仓库供货时,就产生了缺货成本(out of stock costs)。缺货成本有两种:失销成本(lost sales costs)和延期交货成本(back order costs)。每种都事先假定客户会做出某种反应,但由于客户的反应无法琢磨,所以准确衡量缺货成本非常困难。

当出现缺货时,如果客户选择收回自己的购买要求,就产生了失销成本。该成本就是本应获得的这次销售的利润,也可能包括缺货对未来销售造成的消极影响,如客户选择其他品牌的商品,对自己造成的失销成本。

如果客户愿意等待订单履行,那么就不会发生失销的情况,只会出现订单履行的延期,那么此时就会产生延期交货成本。如果延期交货的订单不是通过正常的分拨渠道来履行,那么可能在订单处理中,由于额外的运输和搬运成本而产生额外的办公费用和销售成本。这些成本是实际发生的,因而衡量起来并不困难。同时也会产生无形的失去未来销售机会的成本,这是很难衡量的。那些在客户心目中有差异的产品(汽车和大型仪器)更容易出现延期交货情况,客户一般不会去选择替代品。

(7)其他因素。

①需求变化。需求变化是指生产时对原材料的需求发生的变化,如产品技术规格、品种结

构等。

②市场预期。市场预期包括随着时间的变化,货物的价格及稀缺性呈现出一定的变化规律,如季节性等。

③供应商的相关情况。供应商的相关情况包括供应商的可靠性、生产能力及采购周期等的变化,将对库存产生一定的影响。

④产品更新。产品更新包括采购方终端产品的更新趋势及供应商所需货物的更新趋势。

⑤安全库存。安全库存是为应付各种意外情况的发生而影响生产所设置的最低库存量。安全库存设置的多少,对库存量产生直接的影响。

⑥采购提前期。在确定库存量或安全库存量时,要充分考虑采购提前期,以便为供应商的生产准备、生产及运输过程预留时间。

⑦商品价格。商品价格是库存成本的重要构成部分,商品价格的高低直接影响库存商品的成本,因此,对库存成本产生重要的影响。

**3. 常用的库存控制的方法**

常用的库存控制方法有:

(1)最低储备、最高储备法。

最低储备法和最高储备法指的是企业的材料储备是一个合理的范围,最低值就是保险储备量,最高值就是经常储备、保险储备、季节性储备三者之和。

①经常储备。经常储备又称周转储备,是指在正常情况下,前后两批材料进料间隔期中,为保证施工生产正常进行而建立的合理储备数量标准。经常储备量在进料时达到最大值,以后随陆续投入使用而逐渐减少,到下批材料进料前储备量为最小,最终可能降到零。它是不断消耗又不断补充,周而复始地成周期性变动的。

$$经常储备量 = 平均每日材料需用量 \times 合理储备天数$$

$$平均每日材料需用量 = 计划期材料需用量 / 计划期天数$$

$$合理储备天数 = 供应间隔天数 + 验收入库天数 + 使用前准备天数$$

②保险储备。保险储备是为了预防材料在采购、交货或运输途中发生误期或施工生产消耗突然增大,致使经常储备中断,为应急而建立的材料储备。

$$保险储备量 = 平均每日材料需用量 \times 平均误期天数(保险储备天数)$$

$$平均误期天数 = \sum(进料误期天数 \times 误期入库数量) / 误期入库数量总和$$

③季节性储备。季节性储备是指某些材料的资源因受季节性影响,有可能造成生产供应中断而建立的一种材料储备。

$$季节性储备 = 平均每日材料需用量 \times 季节性储备天数$$

(2)定期订货法。

定期库存控制法是以固定时间的查库和订购周期为基础的一种库存量控制方法。它按固定的时间间隔检查库存量并随即提出订购,订购批量是根据盘点时的实际库存量和下一个进货周期的预计需用量而定。这种库存量控制方法的特点是:订购周期固定,如果每次订购的备运时间相同,则进货周期也固定,而订货点和订货批量不固定。

订购批量 = 订购周期需用量 + 备运时间需用量 + 保险储备量 - 现有库存量 - 已定未交量 = (订购周期天数 + 平均备运天数) × 平均每日需用量 + 保险储备量 - 现有库存量 - 已定未交量

在定期库存控制中，保险储备不仅要满足备运时间内需要量的变动，而且要满足整个订购周期内需要量的变动。因此，对同一种材料来说，定期库存控制法比定量库存控制法要求更大的保险储备量。

（3）定量订货法。

定量订货法，也称订购点法，是以固定订购点和订购批量为基础的一种库存控制法。即当某种材料库存量等于或低于规定的订购点时，就提出订购，每次购进固定的数量。这种库存控制方法的特点是：订购点和订购批量固定，订购周期和进货周期不定。所谓订购周期，是指两次订购的时间间隔；进货周期是指两次进货的时间间隔。

确定订购点是定量控制中的重要问题。如果订购点偏高，将提高平均库存量水平，增加资金占用和管理费支出；订购点偏低则会导致供应中断。订购点由备运期间需用量和保险储备量两部分构成。

订购点＝备运期间需用量＋保险储备量＝平均备运天数×平均每日需用量＋保险储备量

备运期间是指自提出订购到材料进场并能投入使用所需的时间，包括提出订购及办理订购过程的时间、供货单位发运所需的时间、在途运输时间、到货后验收入库时间、使用前准备时间。实际上每次备运期所需时间不一定相同，在库存控制中一般按过去各次实际需要备运时间平均计算求得。采用定量库存控制法来调节实际库存量时，每次固定的订购量，一般为经济订购批量。

（4）ABC分类控制管理法。

ABC分类控制管理法又称ABC分析法、重点管理法，它在材料管理中运用广泛。如它在材料储备分类中的品种储备或类别储备的划分，以及采购、运输等管理中的运用，都能取得较好效果。这种方法主要在于分析对施工生产起关键作用的、占用资金多的少数品种和起一般作用的、占用资金少的多数品种的规律，使管理工作抓住重点、兼顾一般。

ABC分类控制管理法的特点是：分类标准必须同时具备品种数和金额两个标志，有明确的量的界限，即分类建立在实际消耗数据的基础上，并按一定比例来划分类别，如表3-4所示。

表3-4 ABC分类控制管理法

| 项目＼类别 | A∶B∶C |
|---|---|
| 按金额比例 | 7∶2∶1 |
| 按品种比例 | 1∶2∶7 |

## 四、任务评价

1. 填写任务评价表

完成以上任务，填写任务评价表，见表3-5。

表 3-5 任务评价表

| 任务评价表 | | | | | | | |
|---|---|---|---|---|---|---|---|
| 考核项目 | 分数 | | | 学生自评 | 小组互评 | 教师评价 | 小计 |
| | 差 | 中 | 好 | | | | |
| 数据计算是否准确 | 8 | 10 | 13 | | | | |
| ABC分类控制是否合理 | 8 | 10 | 13 | | | | |
| 工作过程安排是否合理、规范 | 8 | 16 | 26 | | | | |
| 陈述是否完整、清晰 | 7 | 10 | 12 | | | | |
| 是否正确灵活运用已学知识 | 7 | 10 | 12 | | | | |
| 是否积极参与活动 | 7 | 10 | 12 | | | | |
| 是否具备团队合作精神 | 7 | 10 | 12 | | | | |
| 总计 | 52 | 76 | 100 | | | | |
| 教师签字： | | | | 年　月　日 | | 得分 | |

**2. 自我评价**

(1) 完成此次任务过程中存在哪些问题？

(2) 产生问题的原因是什么？

(3) 请提出相应的解决问题的方法。

(4) 你认为还需要加强哪些方面的指导（实际工作过程及理论知识）？

## 五、拓展思考问题

(1) ABC分类控制管理法应用非常广泛，试考虑它在哪些场合可以使用？

(2) ABC分类控制管理法中物资价值比7：2：1，种类数比1：2：7，这是严格要求还是一个大概的范围？

## 任务3.3 物资采购价格的控制

### 一、任务描述

采购价格控制是成本控制的前提,掌握市场经济条件下产品的定价方法、定价原理,对成本控制、提高企业经济效益有重要的意义。

### 二、学习目标

1. 了解采购价格的含义;
2. 熟悉采购价格的种类;
3. 熟练掌握市场经济条件下常用的定价方法、导向;
4. 熟悉影响产品定价的因素。

### 三、任务实施

#### (一)任务引入、学习准备

 引导问题

(1)什么是采购价格?采购价格的种类有哪些?
_____
_____

(2)市场经济条件下产品定价的导向有哪几种?
_____
_____

(3)产品定价受哪些因素的影响?
_____
_____
_____

#### (二)实施任务

(1)某企业全年生产某种产品10万件,产品的单位变动成本10元,总固定成本50万元,该企业要求的成本利润率为20%,则该产品的价格应为多少?

(2)长江公司生产某种产品的年生产能力可达10万件,单位产品的成本是500元,其中单位变动成本占60%。

①长江公司预计该产品在2015年的销售量可达8万件,试计算保本价格。

②若长江公司2015年的预计销售量为6万件,利润目标定为1000万元,试计算产品的价格应为多少?

(3)某公司准备购买一种新产品,已知学习曲线为80%。买方下了200件的订单,供应商的报价是228元。供应商的报价依据见表3-6。

表 3-6　报价依据

| 序号 | 项目 | 费用及说明 |
| --- | --- | --- |
| 1 | 物料 | 90 元 |
| 2 | 人工 | 50 元（单位产品平均每小时 10 元，共 5 小时） |
| 3 | 管理费用 | 50 元（假设是人工成本的 100%） |
| 4 | 总成本 | 190 元 |
| 5 | 利润 | 38 元（以总成本的 20% 计） |
| 6 | 单位价格 | 228 元 |

问题：如果买方再追加 600 件的订单，即总订货量为 800 件时，买方获得的每单位产品的报价是多少？

(4)某厂计划期内某产品的产销量为 40 万件，总成本为 1000 万元（其中固定成本 800 万元，变动成本 200 万元），如果厂商的目标利润是 20%，销售税率为 0.7%。试问：使用目标利润法，该产品的出厂价格可定为多少？

(5)某企业的年固定成本是 18 万元，每件产品的单位变动成本是 50 元，计划边际贡献是 15 万元，当销售量预计为 6000 件时，其价格应是多少？

## (三)任务知识点

### 1. 采购价格概述

确定最优的采购价格是采购管理的一项重要工作，采购价格的高低直接关系到企业最终产品或服务价格的高低。因此，在确保满足其他条件的情况下，力争最低的采购价格是采购人员的最重要的工作。

(1)采购价格的概念。

采购价格是指企业进行采购作业时，通过某种方式与供应商之间确定的所需采购物品或服务的价格。

(2)影响采购价格的因素。

采购价格的高低受各种因素的影响。对于国内采购而言，尽管地区、商业环境、时间与人力关系等方面有所不同，但其价格变动还是比较易于预测与控制的。而对于涉外采购而言，来自世界各地市场的供应关系以及其他许多因素，包括规格、服务（如机器设备的长期服务）、运输及保险、交货期限等，都对价格有相当大的影响。

①供应商成本的高低。

供应商成本的高低是影响价格最根本、最直接的因素。供应商进行生产，其目的是获得一定利润，否则生产无法继续。因此，采购价格一般在供应商成本之上，两者之差即为供应商的利润，供应商的成本是采购价格的底线。一些采购人员认为，采购价格的高低全凭双方谈判的结果，可以随心所欲确定，这种想法是完全错误的。尽管经过谈判供应商大幅降价的情况时常出现，但这只是因为供应商报价中水分太多的缘故，而不是谈判者随心所欲决定的价格。

②规格与品质。

采购企业对采购品的规格要求越复杂，采购价格就越高。价格的高低与采购品的品质也有很大的关系。如果采购品的品质一般或质量低下，供应商会主动降价，以求尽快出手，有时甚至会贿赂采购人员。采购人员应首先确保采购物品能满足本企业的需要,质量能满足产品的设计要求,千万不要只追求价格最低,而忽略了质量。

③采购物品的供需关系。

当企业需采购的物品为紧俏商品时,则供应商处于主动地位,它会趁机抬高价格;当企业所采购的商品供过于求时,则采购企业处于主动地位,可以获得最优的价格。

④生产季节与采购时机。

当企业处于生产的旺季时,对原材料需求紧急,因此不得不承受较高的价格。避免这种情况的最好办法是提前做好生产计划,并根据生产计划制订出相应的采购计划,为生产旺季的到来提前做好准备。

⑤采购数量。

如果采购数量大,采购企业就会享受供应商的数量折扣,从而获得较低的采购价格。因此,大批量的集中采购是降低采购价格的有效途径。

⑥交货条件。

交货条件也是影响采购价格非常重要的因素,交货条件主要包括运输方式、交货期的缓急等。如果货物由采购方来承运,则供应商就会降低价格,反之就会提高价格。有时为了争取提前获得所需货物,采购方会适当提高价格。

⑦付款条件。

在付款条件上,供应商一般都规定有现金折扣、期限折扣的优惠,以刺激采购方能提前用现金付款。

(3)采购价格的种类。

依据不同的交易条件,采购价格会有不同的种类。采购价格一般由成本、需求以及交易条件决定,一般有送达价、出厂价、现金价、期票价、净价、毛价、现货价、合约价等。

①送达价。

送达价是指供应商的报价当中包含负责将商品送达企业的仓库或指定地点时,期间所发生的各项费用均由供应商承担。以国际货物而言,送达价即到岸价加上运费(包括在出口厂商所在地至港口的运费)和货物抵达买方之前一切运输保险费,其他有进口关税,银行利息以及报关费等。这种送达价通常由国内的代理商,从国外原厂进口货物后,以人民币报价方式(形同国内采购)售给买方,一切进口手续皆由代理商办理。

②出厂价。

出厂价是指供应商的报价不包括运送责任,即由企业雇佣运输工具,前往供应商的仓库提货。这种情形通常出现在企业拥有运输工具或供应商加计的运费偏高时,或处于卖方市场时,供应商不再提供免费的运送服务。

③现金价。

现金价是指以现金或相等的方式支付货款,但是"一手交钱,一手交货"的方式并不多见。现金价可使供应商免除交易风险,企业也享受现金折扣。例如,交易条件为 $1/10, n/30$,即表示 10 天内付款可享受 2% 的折扣,30 天内必须付款。

④期票价。

期票价是指企业以期票或延期付款的方式来采购商品。通常企业会把延期付款间的利息加在售价中。如果卖方希望取得现金周转,就会将加计的利息超过银行现利率,以使供应商舍期票价取现金价。另外,以现金价加计利息变成期票价时,用贴现的方式计算价格。

⑤净价。

净价是指供应商实际收到的货款,不再支付任何交易过程中的费用,这点在供应商的报价单条款中通常会写明。

⑥毛价。

毛价是指供应商的报价可以因为某些因素加以折让。例如,供应商会因为企业采购金额较大,而给予企业一定的折扣。例如,采购空调设备时,商家的报价已含税,只要买方能提供工业用途的证明,就可减免50%的增值税。

⑦现货价。

现货价是指每次交易时,由供需双方重新议定价格,若签订有买卖合约,也以完成交易后即告终止。在企业众多的采购项目中,采用现货交易的方式最频繁;买卖双方按交易当时定的行情进行,不必承担立约后价格可能发生的巨幅波动的风险或困扰。

⑧合约价。

合约价是指买卖双方按照事先议定的价格进行交易,合约价格涵盖的期间依契约而定,短则几个月,长则一两年。由于价格议定在先,经常造成时价或现货价的差异,使买卖时发生利害冲突。因此,合约价必须有客观的计价方式或定期修订,才能维持公平,保持长久的买卖关系。

⑨实价。

实价是指企业实际上所支付的价格。特别是供应商为了达到促销的目的,经常提供各种优惠的条件给买方,如数量折扣、免息延期付款、免费运送等,这些优惠都会使企业的采购价格降低。

**2. 市场经济条件下的产品定价**

在市场经济体制下,绝大多数商品的定价权掌握在企业的手上,作为谋取利润的市场主体,企业是否有能力控制住市场价格水平呢?决定这种控制能力的重要原因包括以下几点:

(1)定价应考虑的因素。

企业在制定价格决策时,必须全面考虑两个因素:企业内部的因素和企业外部的因素,根据它们的影响,来合理制定价格。内部因素主要是指成本、市场定位和定价目标三方面;外部因素主要是指供求关系、货币价值、竞争与国家价格政策等。

①内部因素。

A. 成本。

商品的生产与流通都需要消耗物化劳动和活劳动,在商品经济中,这些劳动消耗是通过货币来表现的,如原材料采购费用、劳动者工资、固定资产折旧等。在商品生产与流通中,物化劳动和活劳动消耗的货币表现就是商品成本。按照消耗发生的阶段,商品成本可分为生产成本和流通成本两大类。

在定价工作中所要考虑的成本是一个范围很广的概念,它包含产品生产中所有生产要素消耗所产生的成本。例如,资金占用的成本即利息、新产品开发费用、推销人员工资等。这种商品成本实际上是销售收入扣除净利润和税金后的金额。

成本是企业制定商品价格的最低经济界限,价格高于成本将产生利润,价格低于成本将带来亏损。因为这个原因,越来越多的企业在价格制定中首先要考虑成本因素,或者采用成本加成定价法,以成本为基础,适当加上利润、税金,形成商品价格。当然成本不是制定价格时所要考虑的唯一因素,但确实是必须考虑的重要因素之一。

B. 市场定位。

所谓市场定位,就是(拟)在消费者心目中建立的产品形象,其中包括对产品外观、内在质量以及价格诸方面的协调设计。当价格成为市场定位中的一项基本因素时,商品价格的制定要服从市场定位的要求。一般来说,产品的市场定位有七种选择:极品、奢侈品、精品、中档品、便利品、廉价品、次品。例如,在小汽车市场上,奔驰牌汽车被认为是极品(金质质量);奥迪、林肯、劳斯莱斯等汽车被认为是奢侈品;沃尔沃与宝绅是精品;属于中档汽车的有别克、蓝鸟等;也有一些汽车被定位在中档品以下三个档次上,例如,有一种雨果牌汽车,不仅卖得便宜,其制造也过于节省,销售者不提供任何服务,堪称名副其实的"代步工具"。一旦商品的市场位置被选定,其价格水平就要适合相应市场位置的要求。

C. 定价目标。

定价目标是指导企业制定价格决策的目标。从某种意义上说,定价目标就是企业的经营目标,这是由价格与销售和利润的联系所决定的。显然,企业的目标越明确,它就越容易定价。不同的价格水平对企业的盈利目标、销售收入目标以及市场份额目标具有不同的影响。因此,明确企业的目标对于合理定价具有重要的意义。

一般认为,一个企业在定价中可能追求六个重要目标的一项或几项,即生存目标、最大即期利润目标、最大即期收入目标、最大化竞争优势目标、最大销售利润率目标、产品质量领袖地位目标等。

制定价格要有助于实现企业的各种经营目标。由于不同的价格水平对各种经营目标实现的影响是不同的。因此,制定价格要根据定价目标要求来进行。通常情况下,追求当前利润最大化的定价目标迫使把价格定在较高水平,追求市场份额最大化的定价目标则要求把价格定在较低水平。由于价格水平只能是一个,因而上述两个目标就不可能同时实现。因此,最后价格的确定,取决于定价目标的合理安排。

②外部因素。

A. 供求状态。

商品的供求状态影响价格的制定。这是因为商品供求状态可以影响市场物价水平。一般来说,当供应大于需求时,市场物价水平会下降,顾客会转向购买低价格商品而形成一种压力,迫使企业把价格降低;反过来,当供应小于需求时,市场物价水平上涨,高价下商品销路不受影响,企业为获超额利润往往把价格提高。

需要注意的是,价格变动也能改变供求状态。因此,市场上,一个商品的价格不可能总是处于上涨的变动方向上,也不可能总是处于下降的变动方向上。价格上涨,会引起供应量增加,需求量减少,很容易导致出现供过于求的状况;价格下降,会引起供应量减少,需求量增加,因而也容易导致出现供不应求的状况,从而引起价格发生与原来变动方向相反的变动。

B. 竞争因素。

竞争是来自市场的影响价格决策的另一个因素。一般来说,竞争激烈程度越高,可行的价格水平就越低。

供应者之间的竞争是围绕着争夺顾客这个中心来进行的。谁能赢得较多顾客,谁就能将产品更多地销售出去,就有机会实现较高销售收入和利润,这就是竞争优势。供应者为提高自己的竞争优势,要综合运用市场营销组合中的各种因素,于是会出现价格竞争和非价格竞争。由于在大多数情况下价格低可以提高竞争优势,因此,任何形式的竞争都会限制价格水平,在价格竞争中这一点将变得更为明显。

C. 货币价值。

价格是产品同货币的交换比。这种交换比计算的依据是价值量。产品价值量与单位货币所表示的价值量的比值,就是价格。在产品价值量不变的前提下,单位货币所表示的价值量越大,则商品价格越低;单位货币的价值量降低时,商品价格就会升高。

货币尤其是纸币的价值量通常是变动的。纸币发行量越多,则其代表的价值量就会越低。这也是经济中发生通货膨胀,物价普遍上涨的原因。如果政府紧缩通货发行(也称为紧缩银根),市场流通的货币就会减少,商品价格因此也会降低。

D. 国家政策。

党和国家的各项方针政策都是根据市场客观需要以及经济规律的要求科学制定的,有利于维持全国人民的长远利益,有利于促进经济正常运行和经济发展。贯彻执行这些方针政策,是每个市场经营者义不容辞的责任。

价格是市场和经济生活中最敏感的因素,其涉及面广,影响深刻,因而总是国家或政府最关注的因素。对此,国家制定了一系列方针政策,对企业制定价格决策进行指导或约束,其中,最主要的方针政策有:稳定物价方针政策;反暴利政策;缩小工农产品交换价格剪刀差政策;按质论价政策;反对乱"收费"、乱摊派以及减轻农民负担的政策;最高限价和最低保护价政策;合理安排商品比价、差价的政策等。

企业的定价工作,必须在党和国家方针政策规定的范围内进行,并自觉接受国家各级物价部门的管理和监督,正确行使价格自主权。

(2)采购价格管理。

在许多交易场合,价格是由买卖双方协商谈判来制定的。卖者要"贵卖"而要价高;买者要"贱买"而还低价。通过讨价还价,最后达到双方都可以接受的价格。在价格学中,定价方法按照强调的因素,可以分为成本导向定价法、需求导向定价法和竞争导向定价法三种。

①成本导向定价法。

着重考虑成本的企业倾向于采用成本导向定价法,其基本特点是:关心对成本的充分补偿和盈利的可能性;以成本作为价格的最低界限,要求价格只能在成本之上,把外界对价格的影响通过成本类型和盈利率的选择反映出来,如完全定价法、变动成本定价法。

A. 成本加成定价法。

最基本的定价方法是以单位产品完全成本为基础,再加上一定的盈利额,来计算价格的,这种方法通常称为成本加成定价法。其基本计算公式是:

$$价格 = 平均单位成本 + 平均利润$$

$$或价格 = (总成本 + 目标利润额)/总产量$$

目标利润或平均利润相对于成本,可以是固定的,也可以是变动的。当把目标利润作为与成本同比例增长,或作为销售额中的一个固定比率部分时,价格计算公式需要作出修改。

a. 目标利润作为与成本同比例增长的部分。这里以成本作为计算的基数,按照利润随成本变动的比例,首先确定成本加成率,然后计算价格。其计算公式为:

$$价格 = 平均成本 \times (1 + 成本加成率)$$

b. 目标利润作为销售额中固定比率的部分。这时价格的计算公式略有不同。因为目标利润作为销售额中的固定比率，意味着价格作折扣后才是平均成本，即：

$$价格 \times (1 - 销售利润率) = 平均成本$$

因此，

$$价格 = 平均成本 / (1 - 销售利润率)$$

成本加成定价法不仅谋求补偿成本，而且可以取得一定量的利润。只要市场上缺乏竞争压力，产品销路很好，或者处于卖方市场，企业就可以采用这种方法来制定价格。例如，建筑公司进行工程投标，就是在估算成本再加上标准加成率的基础上来报价的。

但成本加成定价法忽视了当前顾客的需求特点、市场供求关系和竞争状况，显然是不合理的，不仅在逻辑上不合理，在计算结果上也不能导致获得最佳价格。例如，它与按需求曲线制定的价格总是存在一定的差距，与市场价格相比也会不同。这些缺陷既可降低企业销售收入和利润，也可以削弱企业竞争优势。

如果企业生产多种产品，就需要把全部固定成本在各种产品上分摊，以便精确计算每种产品成本。在实践中，固定成本分摊可以有多种方式，如按产量的比例平均分摊、按变动成本总额的比例分摊、按制造产品所用时间的比例分摊等，不同方式分摊结果不同，有时差异可达到35%左右。这些差异说明，成本计算并不是那么简单易行的。如果简单地对待，会使成本计算不准确，从而使成本加成定价法失去价值。

B. 目标成本定价法。

所谓目标成本定价法，是以企业期望达到的成本目标作为制定价格的基础的定价方法。目标成本不同于制定价格时期的实际成本，它是为实现定价目标、谋求长远利益和整体利益而测定的一种"影子成本"。通常情况下，影子成本所反映的是在企业技术设备日臻完善，内部管理严格有序，整个经营过程处于正常状态下的生产成本。对于新产品来说，影子成本着重反映的是从小批量生产转向大批量生产过程中具有边际递减特征的阶段性成本。计算目标成本，消除了生产中正常因素的影响，也排除了成本波动的因素，因而比较合理。以目标成本为基础来制定价格，既可容易地为消费者接受、达到可销的水平，又能实现企业的目标利润。

C. 收支平衡定价法。

收支平衡定价法又称保本定价法，顾名思义，这种方法"放弃"了对利润的追求，只要求保本。该法主要适合于市场状况欠佳、谋求市场份额和保证一定销售量的目标的场合。例如，在市场推出新产品时，为使大多数消费者愿意购买，在消费中了解新产品，价格不能太高，但企业又不愿意在亏损状态下经营时，可采用收支平衡定价法。在市场普遍不景气，企业的产品以高价销售存在着明显困难时，为保证企业安全度过不景气时期，也可考虑采用收支平衡法。

在收支平衡定价中，产品价格等于平均成本与单位产品税金之和。通常，首先应当按照保守原则，估算产品销售量，这一销售量被称为保守销售量。其次，要认真搜集分析各类成本资料，成本资料是否全面准确对于销售价格是否有保本功能具有直接影响。由于

$$总成本 = 固定成本 + 单位变动成本 \times 销售量$$

因此，保本定价法的价格可按下式计算：

$$价格 = (固定成本 / 保本销售量) + 单位变动成本 + 税金$$

在很多情况下，收支平衡定价计算公式被用于计算在一定价格水平下的保本销售量。因为上述计算得到的价格实际上有可能背离市场可行价格。如果价格高于市场可行价格，会使

商品销售量锐减,降低销售收入,使企业入不敷出;如果价格过多低于市场可行价格,会使企业失去取得一定利润的机会。企业主管通常根据市场可行价格,反向推算保本销售量,以此作为企业销售目标。

计算保本销售量的公式如下:

$$保本销售量=固定成本/(市场可行价格-单位变动成本)$$

收支平衡定价法与前述成本加成定价法的区别仅仅在于有无利润。

D. 变动成本定价法。

在竞争日益激烈、市场份额对于企业日益重要的经济经营条件下,按照补偿全部成本的原则来制定价格的做法通常会使企业失去竞争优势,尤其是在资本密集型、技术密集型企业,固定资产投资高,技术开发与经营管理领域的固定成本开支越来越大。这样使企业形成很高的固定成本。但是,在市场竞争中,一个企业的商品销售量有很大的伸缩性,价格是影响销售量的一个重要因素。如何使价格相对低一些,借以扩大商品销售量,通过大规模生产降低商品成本来使企业盈利呢?在成本导向定价法中,最为有效的方法就是暂时撇开固定成本因素,采用变动成本定价法。

变动成本定价法是指以单位变动成本为最低界限,尽量使价格高于单位变动成本的定价方法。价格的计算公式是:

$$价格=单位变动成本+单位贡献$$

由于要使价格高于单位变动成本,所以单位贡献要大于0。

单位贡献也称为边际贡献,其经济学含义是使边际收益超出边际成本的部分。当企业按照收益等于边际成本原则定价时,边际贡献为0,利润最大,但这只是一种理想中的状态。由于市场销售量的不确定性,边际收益等于边际成本的状态很难控制。因此,企业必须考虑在边际收益高于边际成本的状态下经营。

这里必须考虑的问题是,企业可以容易地计算平均变动成本,而很难得到准确的成本曲线。这实际上是说,用平均收益与平均变动成本来定价具有很强的实用性。不论边际收益是否等于边际成本,平均收益必须大于平均变动成本。这显然是一条适用的定价规则。

为什么不能让价格等于单位变动成本呢?这涉及固定成本补偿问题。固定成本如果得不到充分补偿,企业就会在亏损条件下运行。这对于企业继续生存是不利的,更谈不上求发展了。作为一种定价规则,不能容许单位贡献等于零。其意义就是把补偿固定成本的任务交给单位贡献,只要单位贡献大于零,且商品销售量足够大,则补偿固定成本就不是不可能的。

②需求导向定价法。

在价格制定工作中,显然不能忽视消费者对价格的接受能力和可能在购买行为上作出的反应。侧重于使价格为消费者能够接受并且能产生良好的反应的定价方法,就是需求导向定价法。实施需求导向定价法的基本前提是,充分了解消费者的购买能力和购买欲望,并且能够预计消费者对某种价格水平的反应。换句话说,就是要弄清楚企业面临的需求曲线。

常见的需求导向定价法有三种形式,即直觉价值定价法、差别定价法和增量分析定价法。

A. 直觉价值定价法。

越来越多的企业正把价格的制定转向建立在购买者对产品的"感觉价值"(perceived value)基础上。他们发现,定价的关键是购买者的接受性,而不是企业的成本。购买者的接受性表现为消费者对产品价值的主观判断,当消费者觉得产品价值与价格一致或价格较低时,会认为购买是合算的,因而购买动机会强烈。否则,当消费者觉得产品价值低于价格,会产生一种"上当""吃亏"的逆反心理,因而购买动机大大削弱。因此,企业经理们设法借助各种非价格的营销因素来影响消费者,或通过市场定位在消费者心目中建立较高的产品价格。

直觉价值定价法与产品定位策略是一脉相承的。为一定目标市场服务的企业通常需要利用质量与价格两个"坐标"来建立其产品形象,这可能有 9 种不同的产品质量价格选择,见表 3-7,每种选择实际上是有关质量水平、价格水平及其比例关系的决策或策略。主对角线上的策略 1、5、9 在同一个市场上能够相辅相成;但在同一个市场上,每一行上或每一列上的策略是不能同时存在的。例如,策略 1、2、3 不能在同一市场上出现,因为三种策略下的产品没有差别,仅仅只是价格不同而已。只要消费者充分了解这种关系,消费者就不会执意偏爱策略 1 或 2 中的产品,不会随意多"送"钱给实施策略 1 或 2 的企业,因为他们有最佳选择,即购买策略 3 下的产品。对于其他每行的策略及每列的策略也可以同样作出分析。也就是说,在同一市场上,商品价格最好与商品的"感觉价值"或质量水平相适应;在有竞争产品存在的情况下,还要考虑顾客感觉价值的变化。

表 3-7 产品质量价格表

| 价格 | | 高 | 中 | 低 |
|---|---|---|---|---|
| 质量 | 高 | 1.优质优价策略 | 2.高价值策略 | 3.超价值策略 |
| | 中 | 4.撇脂定价策略 | 5.公平价值策略 | 6.适度让利策略 |
| | 低 | 7.暴利定价策略 | 8."华而不实"策略 | 9.经济节约策略 |

直觉价值定价法的关键是对每一项商品特性的市场感觉价值的精确计量问题。自以为是的销售者通常高估其产品的价值而过高定价;保守的销售者通常低估其产品的价值而过低定价。因此,为指导企业合理定价,进行一些市场研究,建立市场感觉价值评价体系,是必要的和有意义的。

测算顾客对商品的感觉价值可以有以下三种方法:

a.主观评估法。主观评估法即由企业内部有关人员参考市场上同类商品,比质比价,综合考虑市场供需趋势,对商品的市场销售价值进行评估确定。

b.客观评估法。客观评估法即由企业外部有关部门的人员及消费者代表,对商品的性能、效用、寿命等进行评议、鉴定和评估。

c.实销评估法。实销评估法即以一种或几种不同价格,在几个实验市场进行实地销售,并征得消费者对商品价格的评估,然后通过对试销价格的顾客态度或反应进行分析,确定试销价格。

直觉价值定价法是以产品的最终用户或消费者的感觉价值为基础来定位的,不适用于流通领域中间环节定价。许多企业把"感觉价值"价格制定下来后,要反过来推算流通领域中间环节的价格以及企业出厂价。这时,直觉价值定价法又被称为"反向定价法"或"倒剥皮定价法"。

B.差别定价法。

差别定价法就是将同种产品以不同的价格销售给同一市场上的不同顾客。一般来说,这里的价格差异不是由于商品成本因素所引起的,也不是由附加价值不同引起的,而是销售者根据顾客的需求特征实行差别定价引起的。因此,差别定价法又称为歧视性定价法。

a.差别定价法的类型。根据消费者需求特征类型,差别定价有以下四种类型:

第一种是以顾客本身特征为基础的差别定价。例如,影剧院对大人与小孩规定不同的票价;歌舞厅对男士和女士规定不同的收费标准;航空公司对国内乘客和国外乘客制定不同的机票价格等。通常来说,这种类别的差别定价着重考虑顾客的支付能力与需求弹性的差异。

第二种是以产品用途为基础的差别定价。例如,电力、自来水与煤气等公司对企事业单位用户和居民家庭用户制定不同的收费标准;商店对礼品性的与顾客自用性的同种商品制定不同价格;具有收藏价值的邮票与普通邮票两者在价格上通常有很大差别等。

第三种是以消费或购买地点为基础的差别定价。例如,同样的罐装"健力宝"饮料,在卡拉OK娱乐厅的售价要高于街头杂货店的售价,在装修豪华的饮食店售价也较高;宾馆客房的收费因南北朝向或因楼层不同而不同。

第四种是以消费或购买时间为基础的差别定价。例如,同一批制造的衣服,在消费旺季与消费淡季的售价是不同的;电视广告在黄金时间的收费特别高;挂历、贺年卡在元旦后销售价格普遍下降。

b.实行差别定价法的条件。实行差别定价法必须具备一定的条件,以控制顾客的购买。这些条件包括:

第一,价格不同的细分市场之间能够被完全隔离,不可能出现高价细分市场的顾客向低价细分市场流动的问题,也不可能出现低价细分市场的顾客把商品再转手卖给高价细分市场顾客的问题。

第二,每个细分市场都具有独特的需求性质,细分市场之间需求弹性不同。换句话说,高价细分市场的顾客不会因为价格高而大量减少其需求。只要高价细分市场能够维持存在并且盈利,差别定价就有意义。

一般来说,高价细分市场能够独立存在,并且能够与低价细分市场相隔离,不是企业主观意志能决定的。许多资料表明,企业自动创造某种条件造成高价细分市场与低价细分市场隔离的做法,往往要么很难成功,要么得不偿失。其关键原因在于,细分市场是动态可变的,是企业不可控制的。任何"臆造"市场都是短命的。企业要实行差别定价法,必须进行市场调研,论证其可行性,并且要因时、因地、因势制宜。

C.增量分析定价法。

根据顾客的需求弹性或需求曲线来定价,是许多企业常用的定价方法。这种方法以实现最大销售收入或最大利润为目标,并分析价格变动与需求变动的相互关系以及它们对利润的影响。由于对价格与需求的变动是按增量逐步计算的,所以称为增量分析定价法。

③竞争导向定价法。

竞争导向定价法是以本企业的主要竞争对手的价格为定价基础,忽视企业的产品成本或需求的变化。只要竞争对手的价格不动,本企业的价格也不动。竞争导向定价法通常都有两种形式,即流行水平定价法和竞争投标定价法。

A.流行水平定价法。

流行水平定价法又称随行就市定价法,简单地说,别人定多高的价格,本企业也定多高的价格。企业要分析当前同一市场上主要竞争对手的价格,可以使本企业的价格等于、略微高于或低于主要竞争对手的价格,但要处于最接近或等于市场平均价格水平的位置。这种方法特别适用于竞争较激烈、产品差异性不大的行业。在寡头垄断市场上,各企业的产品价格通常是一致的,如在钢铁、石油、造纸或化肥行业。一些小企业跟随市场领袖定价,也是流行水平定价法的一种形式。企业采用流行水平定价法的主要原因有:

a. 难以估算产品准确的成本。这种情况下,人们把流行定价法视为本行业中能获得合理利润的价格。

b. 报复性竞争压力最小。因为按流行水平定价对竞争对手的攻击性最小,对行业内部的价格协调机制破坏作用也最小。

c. 认为用户和竞争者对价格差异化的反应是不正确的,或者相信他们对任何价格差异化的反应对本企业是不利的。

B. 竞争投标定价法。

投标是企业取得经济技术承包合同的一种方式。在多家企业参与竞争投标时,争取本企业投标的竞争优势成为所投标书设计的关键。竞争优势高的企业才有可能中标,取得承包合同并赢得经营收入。影响投标竞争优势的因素有企业的相对技术实力、知名度和声誉,标价高低也是一个重要因素。投标中的标价是招标方能否接受的价格。在承包合同质量、工期、服务大致相当的条件下,招标方谋求降低合同价格,因而标价低的投标书容易中标。于是产生了竞争投标定价问题。

招标方法有公开报价和密封报价两种。招标方在投标企业的各个不同报价中,择优选定承包者。投标企业须根据竞争对手的公开报价或预计可能的报价来提出自己的报价,其中关键是要掌握好中标概率、利润与报价的关系。一般来说,报价越低,中标可能性越大,但企业盈利就越小,有时甚至导致企业亏损。如何确定合理价格呢?通常根据期望利润来定价。

所谓期望利润,是指某个报价的中标概率与相应的企业利润二者的乘积,即

$$期望利润 = 中标概率 \times 相应的利润$$

## 四、任务评价

1. 填写任务评价表

完成以上任务,填写任务评价表,见表 3-8。

表 3-8 任务评价表

| 考核项目 | 分数 | | | 学生自评 | 小组互评 | 教师评价 | 小计 |
|---|---|---|---|---|---|---|---|
| | 差 | 中 | 好 | | | | |
| 数据计算是否准确 | 8 | 10 | 13 | | | | |
| 概念理解是否准确 | 8 | 10 | 13 | | | | |
| 工作过程安排是否合理、规范 | 8 | 16 | 26 | | | | |
| 陈述是否完整、清晰 | 7 | 10 | 12 | | | | |
| 是否正确灵活运用已学知识 | 7 | 10 | 12 | | | | |
| 是否积极参与活动 | 7 | 10 | 12 | | | | |
| 是否具备团队合作精神 | 7 | 10 | 12 | | | | |
| 总计 | 52 | 76 | 100 | | | | |
| 教师签字: | | | | 年 月 日 | | 得分 | |

2 自我评价

(1)完成此次任务过程中存在哪些问题?
_____
_____

(2)产生问题的原因是什么?
_____
_____

(3)请提出相应的解决问题的方法。
_____
_____

(4)你认为还需要加强哪些方面的指导(实际工作过程及理论知识)?
_____
_____

## 五、拓展思考问题

(1)差别定价法有没有条件限制?在什么情况下可以使用?

(2)如何对边际概念进行深层次的理解?

# 学习情境 4

# 招标采购

## 任务 4.1 招标公告(投标邀请函)的编制

### 一、任务描述

招标采购是施工单位常用的材料、设备采购方式,无论采用公开招标或邀请招标,都要编制招标公告或投标邀请函。招标公告(投标邀请函)的内容、编制水平直接影响各潜在投标人对招标文件的理解和投标文件的编制。因此,招标公告(投标邀请函)的编制是采购人员必须掌握的一项基本技能。

### 二、学习目标

1. 熟悉招标采购的形式、组织方式;
2. 会编制招标公告或者投标邀请函;
3. 熟悉各种招标采购方式及适用条件;
4. 了解《中华人民共和国招标投标法》对招标公告的相关要求。

### 三、任务实施

#### (一)任务引入、学习准备

 引导问题

(1)什么是招投标活动?什么是公开招标、邀请招标?

_____

(2)招标采购组织方式有哪些?招标公告编制时要注意哪些事项?

_____

_____

#### (二)实施任务

某城市地方政府在城市中心区投资兴建一座现代化公共建筑 A,批准单位为国家发展改革委员会,文号为发改投字〔2005〕146 号,建筑面积 $6844m^2$,占地 $4688m^2$,建筑檐口高度 $68.86m$,地下三层,地上二十层。采用公开招标、资格后审的方式确定设计人,要求设计充分体现城市特点,与周边环境相匹配,建成后成为城市的标志性建筑。招标内容为方案设计、初步设计和施工图设计三部分,以及建设过程中配合发包人解决设计遗留问题等事项。

## (三)任务知识点

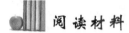

### 阅读材料

**招标公告发布暂行办法**

第一条  为了规范招标公告发布行为,保证潜在投标人平等、便捷、准确地获取招标信息,根据《中华人民共和国招标投标法》、《中华人民共和国招标投标法实施条例》,制定本办法。

第二条  本办法适用于依法必须招标项目招标公告发布活动。

第三条  国家发展改革委根据国务院授权,按照相对集中、适度竞争、受众分布合理的原则,指定发布依法必须招标项目招标公告的报纸、信息网络等媒介(以下简称指定媒介),并对招标公告发布活动进行监督。

指定媒介的名单由国家发展改革委另行公告。

第四条  依法必须招标项目的招标公告必须在指定媒介发布。

招标公告的发布应当充分公开,任何单位和个人不得非法限制招标公告的发布地点和发布范围。

第五条  指定媒介发布依法必须招标项目的招标公告,不得收取费用,但发布国际招标公告的除外。

第六条  招标公告应当载明招标人的名称和地址、招标项目的性质、数量、实施地点和时间、投标截止日期以及获取招标文件的办法等事项。

招标人或其委托的招标代理机构应当保证招标公告内容的真实、准确和完整。

第七条  拟发布的招标公告文本应当由招标人或其委托的招标代理机构的主要负责人签名并加盖公章。

招标人或其委托的招标代理机构发布招标公告,应当向指定媒介提供营业执照(或法人证书)、项目批准文件的复印件等证明文件。

第八条  在指定报纸免费发布的招标公告所占版面一般不超过整版的1/40,且字体不小于 6 号字。

第九条  招标人或其委托的招标代理机构应至少在 1 家指定的媒介发布招标公告。

指定报纸在发布招标公告的同时,应将招标公告如实抄送指定网络。

第十条  招标人或其委托的招标代理机构在两个以上媒介发布的同一招标项目的招标公告的内容应当相同。

第十一条  指定报纸和网络应当在收到招标公告文本之日起 7 日内发布招标公告。

指定媒介应与招标人或其委托的招标代理机构就招标公告的内容进行核实,经双方确认无误后在前款规定的时间内发布。

第十二条 拟发布的招标公告文本有下列情形之一的,有关媒介可以要求招标人或其委托的招标代理机构及时予以改正、补充或调整:

(一)字迹潦草、模糊,无法辨认的;
(二)载明的事项不符合本办法第六条规定的;
(三)没有招标人或其委托的招标代理机构主要负责人签名并加盖公章的;
(四)在两家以上媒介发布的同一招标公告的内容不一致的。

第十三条 指定媒介发布的招标公告的内容与招标人或其委托的招标代理机构提供的招标公告文本不一致,并造成不良影响的,应当及时纠正,重新发布。

第十四条 指定媒介应当采取快捷的发行渠道,及时向订户或用户传递。

第十五条 指定媒介的名称、住所发生变更的,应及时公告并向国家发展改革委备案。

第十六条 招标人或其委托的招标代理机构有下列行为之一的,由国家发展改革委和有关行政监督部门视情节依照《中华人民共和国招标投标法》第四十九条、第五十一条的规定处罚:

(一)依法必须招标的项目不按照规定在指定媒介发布招标公告的;
(二)在不同媒介发布的同一招标项目的招标公告的内容不一致,影响潜在投标人投标的;
(三)招标公告中有关获取招标文件的时限不符合招标投标法及招标投标法实施条例规定的;
(四)招标公告中以不合理的条件限制或排斥潜在投标人的。

第十七条 指定媒介有下列情形之一的,给予警告;情节严重的,取消指定:

(一)违法收取或变相收取招标公告发布费用的;
(二)无正当理由拒绝发布招标公告的;
(三)不向网络抄送招标公告的;
(四)无正当理由延误招标公告的发布时间的;
(五)名称、住所发生变更后,没有及时公告并备案的;
(六)其他违法行为。

第十八条 任何单位和个人非法干预招标公告发布活动,限制招标公告的发布地点和发布范围的,由有关部门依照《中华人民共和国招标投标法》第六十二条,以及《中华人民共和国招标投标法实施条例》第八十一条的规定处罚。

第十九条 任何单位或个人认为招标公告发布活动不符合本办法有关规定的,可向国家发展改革委投诉。

第二十条 各地方人民政府依照审批权限审批的依法必须招标的民用建筑项目的招标公告,可在省、自治区、直辖市人民政府发展改革部门指定的媒介发布。

第二十一条 使用国际组织或者外国政府贷款、援助资金的招标项目,贷款方、资金提供方对招标公告的发布另有规定的,适用其规定。

依法必须招标项目进行资格预审的,其资格预审公告的发布,参照本办法执行。

第二十二条　本办法自二〇〇〇年七月一日起执行。

## 国家发展和改革委员会关于指定发布依法必须招标项目资格预审公告和招标公告的媒介的通知

国务院各部门,各省、自治区、直辖市及计划单列市计委,新疆生产建设兵团计委:

　　为了规范招标公告发布行为,根据《中华人民共和国招标法》、《中华人民共和国招标投标法实施条例》和《国务院办公厅印发国务院有关部门实施招标投标活动行政监督的职责分工意见的通知》(国办发[2000]34号)的有关规定,国家发展改革委指定《中国日报》、《中国经济导报》、《中国建设报》和《中国采购与招标网》(http://www.chinabidding.com.cn)为发布依法必须招标项目资格预审公告和招标公告的媒介。其中,国际招标项目的招标公告应在《中国日报》发布。

　　自2000年7月1日起,依法必须招标项目的招标公告,应按照《招标公告发布暂行办法》(国家计委第4号令)的规定在上述指定媒介发布。

　　任何单位和个人应严格遵守《招标公告发布暂行办法》的有关规定,自觉规范招标公告发布行为。

　　附:指定媒介通信地址

2000年6月30日

**附:指定媒介通讯地址**

中国日报:北京市朝阳区惠新东街15号中国日报社(100029)

电话:010-64924488转广告部

传真:010-64918637

中国经济导报:北京市宣武区广内大街315号信息大厦中国经济导报社(100053)

电话及传真:010-63691830

中国建设报:北京市西城区中国建设报社(100037)

电话及传真:010-68311587

中国采购与招标网:北京市西城区金融街33号通泰大厦B座603(100032)

电话:010-88086882,88086883,88086884

传真:010-88086895,88086924

e-mail:network@globlink.com.cn

**1.各种招标采购方式及适用条件**

常用招标采购方式有:公开招标、邀请招标、竞争性谈判、询价采购、单一来源采购、其他。招标采购方式及适用条件见表4-1。

## 学习情境 4 招标采购

表 4-1 招标采购方式及适用条件

| 序号 | 采购方式 | 主要做法 | 适用条件 |
|---|---|---|---|
| 1 | 公开招标 | 招标人以招标公告的方式邀请不特定的法人或者其他组织投标 | 适用一切采购项目,同时也是政府采购的主要方式 |
| 2 | 邀请招标 | 招标人以投标邀请书的方式邀请特定的法人或者其他组织投标 | (一)依法必须进行招标的项目中,满足以下条件,经过核准或备案可以采用邀请招标:<br>(1)工程勘察设计项目:①项目的技术性、专业性较强,或者环境资源条件特殊,符合条件的潜在投标人数量有限的;②如采用公开招标,所需费用占工程建设项目总投资比例过大的;③建设条件受自然因素限制,如采用公开招标,将影响实施时机的<br>(2)工程施工项目:①项目技术复杂或有特殊要求,只有少量几家潜在投标人可供选择的;②受自然地域环境限制的;③涉及国家安全、国家秘密或者抢险救灾,适宜招标但不宜公开招标的;④拟公开招标的费用与项目的价值相比,不值得的;⑤法律、法规规定不宜公开招标的<br>(3)工程货物招标项目:①货物技术复杂或有特殊要求,只有少量几家潜在投标人可供选择的;②涉及国家安全、国家秘密或者抢险救灾,适宜招标但不宜公开招标的;③拟公开招标的费用与拟公开招标的节资相比,得不偿失的;④法律、行政法规规定不宜公开招标的<br>(二)政府采购活动中,满足以下条件,经过设区的市、自治州以上人民政府采购监督管理部门的批准后可以采用邀请招标:<br>(1)具有特殊性,只能从有限范围的供应商处采购的;<br>(2)采用公开招标方式的费用占政府采购项目总价值的比例过大的<br>(三)其他依法必须招标或政府采购以外采购项目 |
| 3 | 竞争性谈判 | 采购人邀请特定的对象谈判,并允许谈判对象二次报价确定签约人的采购方式 | (1)招标后没有供应商投标或者没有合格的或者重新招标未能成立的;<br>(2)技术复杂或者性质特殊,不能确定详细规格或者具体要求的;<br>(3)采用招标所需时间不能满足用户紧急需要的;<br>(4)不能事先计算出价格总额的 |
| 4 | 询价采购 | 采购人邀请特定的对象一次性询价确定签约人的采购方式 | 采购标的的规格、标准统一,货源充足且价格变化幅度小的 |

续表 4-1

| 序号 | 采购方式 | 主要做法 | 适用条件 |
|---|---|---|---|
| 5 | 单一来源采购 | 采购人与供应商直接谈判确定合同实质性内容的采购方式 | (1)只能从唯一供应商处采购的;<br>(2)发生了不可预见的紧急情况不能从其他供应商处采购的;<br>(3)必须保证原有采购项目一致性或者服务配套的要求,需要继续从原供应商处添购,且添购资金总额不超过原合同采购金额10%的 |
| 6 | 其他 | 采购人依法确定 | 采购人依法选择使用 |

### 2. 招标采购组织方式

招标采购组织分为招标采购人自行组织采购及委托专业机构组织采购两种方式。招标采购组织方式见表 4-2。

表 4-2 招标采购组织方式

| 序号 | 采购方式 | 主要做法 | 适用条件 |
|---|---|---|---|
| 1 | 自行招标采购 | 招标采购人自行组织招标采购 | (一)依法必须进行招标的项目,招标人具备以下条件,经过核准或备案,可以自行招标:<br>(1)具有项目法人资格(或者企业法人资格);<br>(2)具有与招标项目规模和复杂程度相适应的工程技术、概预算、财务和工程管理等方面专业技术力量;<br>(3)有从事同类工程建设项目招标的经验;<br>(4)设有专门的招标机构或者拥有3名以上专职招标业务人员;<br>(5)熟悉和掌握招标投标法及有关法规规章<br>(二)未纳入集中采购目录的政府采购项目<br>(三)依法必须招标或政府采购以外项目 |
| 2 | 委托招标采购 | 招标采购人委托专业招标采购机构组织采购 | 适用一切招标采购项目,其中纳入集中采购目录的政府采购项目,必须委托集中采购机构代理采购 |

### 3. 招标公告的编制

《中华人民共和国招标投标法》第十六条:"招标人采用公开招标方式的,应当发布招标公告。依法必须进行招标的项目的招标公告,应当通过国家指定的报刊、信息网络或者其他媒介发布。招标公告应当载明招标人的名称、地址、招标项目的性质、数量、实施地点和时间以及获取招标文件的办法等事项。"

招标公告(投标邀请书)应载明的内容见表 4-3。

表 4-3 招标公告(投标邀请书)应载明的内容

| 30号令(施工) | 27号令(货物) | 18号令(政府采购货物) |
|---|---|---|
| 第十四条 招标公告或者投标邀请书应当至少载明下列内容：<br>(一)招标人的名称和地址；<br>(二)招标项目的内容、规模、资金来源；<br>(三)招标项目的实施地点和工期；<br>(四)获取招标文件或资格预审文件的地点和时间；<br>(五)对招标文件或者资格预审文件收取的费用；<br>(六)对投标人的资质等级的要求 | 第十三条 招标公告或者投标邀请书应当载明下列内容：<br>(一)招标人的名称和地址；<br>(二)招标货物的名称、数量、技术规格、资金来源；<br>(三)交货的地点和时间；<br>(四)获取招标文件或者资格预审文件的地点和时间；<br>(五)对招标文件或者资格预审文件收取的费用；<br>(六)提交资格预审申请书或者投标文件的地点和截止日期；<br>(七)对投标人的资格要求 | 第十七条 公开招标公告应当包括以下主要内容：<br>(一)招标采购单位的名称、地址和联系方法；<br>(二)招标项目的名称、数量或者招标项目的性质；<br>(三)投标人的资格要求；<br>(四)获取招标文件的时间、地点、方式及招标文件售价；<br>(五)投标截止时间、开标时间及地点 |

部门规章和法律要求相比,有以下不同：
(1)在项目性质数量方面30号令、27号令都要求载明"资金来源"；
(2)30号令(施工)对获取招标文件的办法具体分解为购买有关文件时间、地点,购买费用和投标资质条件三项；
(3)27号令(货物)对获取招标文件的办法具体分解为:购买有关文件时间、地点,购买费用,投标资质条件以及文件递交的地点和截止时间四项；
(4)18号令(政府采购货物)没有要求实施时间、地点,获取招标文件的办法和27号令相同。

## 四、任务评价

**1.填写任务评价表**

完成以上任务,填写任务评价表,见表4-4。

表 4-4 任务评价表

| 考核项目 | 分数 | | | 学生自评 | 小组互评 | 教师评价 | 小计 |
|---|---|---|---|---|---|---|---|
| | 差 | 中 | 好 | | | | |
| 编制的招标公告内容是否完整 | 8 | 10 | 13 | | | | |

续表 4－4

| 任务评价表 | | | | | | | |
|---|---|---|---|---|---|---|---|
| 考核项目 | 分数 | | | 学生自评 | 小组互评 | 教师评价 | 小计 |
| | 差 | 中 | 好 | | | | |
| 编制的招标公告用语是否得体 | 8 | 10 | 13 | | | | |
| 工作过程安排是否合理、规范 | 8 | 16 | 26 | | | | |
| 陈述是否完整、清晰 | 7 | 10 | 12 | | | | |
| 是否正确灵活运用已学知识 | 7 | 10 | 12 | | | | |
| 是否积极参与活动 | 7 | 10 | 12 | | | | |
| 是否具备团队合作精神 | 7 | 10 | 12 | | | | |
| 总计 | 52 | 76 | 100 | | | | |
| 教师签字： | | | | 年　月　日 | | 得分 | |

**2. 自我评价**

(1)完成此次任务过程中存在哪些问题？

_____

_____

(2)产生问题的原因是什么？

_____

_____

(3)请提出相应的解决问题的方法。

_____

_____

(4)你认为还需要加强哪些方面的指导(实际工作过程及理论知识)？

_____

_____

## 五、拓展思考问题

(1)从法律角度讲，招标公告是不是要约的性质？

(2)招标公告的主要内容有哪些？

## 任务 4.2 招标采购组织程序案例分析

### 一、任务描述

招标采购是施工单位经常进行的业务活动,采购部门的人员对整个招投标活动的程序及相关法规要非常熟悉,否则可能违反《中华人民共和国招标投标法》的规定,被潜在投标人投诉,导致整个过程无效而需要重新招标。

### 二、学习目标

1. 熟练掌握招标采购组织程序及每一个步骤的详细规定;
2. 熟悉《中华人民共和国招标投标法》的相关规定;
3. 学会案例分析的基本方法。

### 三、任务实施

#### (一)任务引入、学习准备

**引导问题**

(1)招标采购组织程序是怎样的?资格审查的主要内容是什么?

_____

(2)现场踏勘是干什么呢?什么时间进行?

_____

#### (二)实施任务

1. 背景资料1

某依法必须招标的工程建设项目位于北方某个城市,采用公开招标方式组织其中 4 台 6t 蒸汽锅炉的采购。招标人对招标过程时间计划如下:

(1)2015 年 8 月 9 日(星期日)至 2015 年 8 月 14 日发售招标文件;
(2)2015 年 8 月 16 日上午 9:00 组织投标预备会议;
(3)2015 年 8 月 16 日下午 4:00 为投标人要求澄清招标文件的截止时间;
(4)2015 年 8 月 17 日上午 9:00 组织现场考察;
(5)2015 年 8 月 20 日发出招标文件的澄清与修改,修改几个关键技术参数;
(6)2015 年 8 月 29 日下午 4:00 为投标人递交投标保证金截止时间;
(7)2015 年 8 月 30 日上午 9:00 投标截止;
(8)2015 年 8 月 30 日上午 9:00~11:00,招标人与行政监管机构审查投标人的营业执照、

生产许可证、合同业绩等原件;

(9)2015年8月30日上午11:00,开标;

(10)2015年8月30日下午1:30至2015年8月31日下午5:30,评标委员会评标;

(11)2015年9月1日至2015年9月3日,评标结果公示;

(12)2015年9月4日定标、发出中标通知书;

(13)2015年9月5日至2015年9月6日,签订供货合同。

问题:

(1)逐一指出上述时间安排、程序中的不妥之处,并说明理由。

(2)如果该批蒸汽锅炉需要一个半月交货,其安装与系统调试需要三个月时间,招标人与中标人在2015年9月6日签订锅炉供货合同是否可以保证2015年冬天供暖?如需要保证2015年冬季供暖,该批锅炉采供最迟应在什么时间开始?

2. 背景资料2

某新建商品住宅小区需采购8台电梯设备,按照规格与技术参数分为Ⅰ、Ⅱ、Ⅲ、Ⅳ共计4个规格型号,按一个标包招标。招标人按照相关规定先行组织资格预审,并在指定媒体上发布了资格预审公告。在规定的资格预审申请截止时间前,共收到申请人A~H递交的,共计8份资格预审申请文件,其中A、B、C、D、E为代理商,F、G、H为生产厂商。

经过审查,发现:

(1)D代理的Ⅰ型电梯为某电梯厂X生产;

(2)E代理的Ⅱ型电梯为某电梯厂X生产;

(3)F为G的全资子公司;

(4)C、E两个代理商的法定代表人为同一个自然人。

针对上述情况,审查委员会做出了D、E、F、G不能通过资格审查的结论,理由是D和E代理的是同一个生产厂商的产品,F为G的全资子公司,违反了《工程建设项目货物采购招标投标办法》(27号令)第三十二条对投标人的资格规定。虽然C、E两个代理商的法定代表人为同一个自然人,但由于代理商E没有通过资格审查,这样,仅留下代理商C参加投标不违反上述规定。

问题:

(1)资格审查委员会的评审结果和理由是否正确,为什么?

(2)经过上述评审,是否可以直接确定剩下的申请人通过资格审查?

3. 背景材料3

某项目规定于某日上午9:30在某地点集合后,招标人组织现场踏勘,采用了以下组织程序:

(1)潜在投标人在规定的地点集合。在上午9:30,招标人逐一点名潜在投标人是否派人到达集合地点,结果发现有两个潜在投标人还没有到达集合地点。与这两个潜在投标人电话联系后确认他们在10分钟后可以到达集合地点,于是征求已经到场的潜在投标人,将出发时间延长15分钟。

(2)组织潜在投标人前往项目现场。

(3)组织现场踏勘。按照准备好的介绍内容,带着潜在投标人边走边介绍。有一个潜在投标人在踏勘中发现有两个污水井,询问该污水井及相应管道是否要保护。招标人明确告诉该投标人需要保护,因其为市政污水干线管路。

其他潜在投标人就各自的疑问分别进行询问,招标人逐一进行了澄清或说明。随后结束了现场踏勘。

(4)招标人针对潜在投标人提出的问题进行了书面澄清,在投标截止时间15日前发给了所有招标文件的收受人。

(5)现场踏勘结束后3日,有两个潜在投标人提出上次现场踏勘有些内容没看仔细,希望允许其再次进入项目现场踏勘,同时也希望招标人就其关心的一些问题进行介绍。招标人对此表示同意,在规定的时间,这两个潜在投标人在招标人的组织下再次进行了现场踏勘。

问题:

(1)招标人的组织程序是否存在问题?说明理由。

(2)招标人组织过程中是否存在不足?说明理由。

**4. 背景资料4**

某依法必须进行招标的项目分为两个标段组织招标,因情况不同,招标人在对招标文件的澄清与修改发出时,存在以下情况:

标段一:招标人整理完招标文件的澄清与修改后,在投标截止时间前15日打电话要求潜在投标人前来招标人所在地进行答收和领用。在规定的时间内,有两家投标人没有到招标人所在地进行领用,其中投标人A要求招标人在规定的时间内以传真方式发给其招标文件的澄清与修改,招标人及时传真给了该投标人澄清与修改的内容;投标人B则一直到开标前3日才来领取。

开标后,投标人A、B分别进行了质疑与投诉,理由是招标人没有在投标前15日将招标文件的澄清与修改送达投标人,直接影响了其投标结果,要求有关行政监督部门宣布中标结果无效,并判处招标人依法重新招标。

标段二:由于需要澄清与修改的内容特别多,招标人组织设计单位和招标代理机构对招标文件完成澄清与修改时,距项目的开标时间仅剩下了5天时间。为保证投标人在开标后不投诉,招标人在发放招标文件澄清与修改时,要求每个投标人写下书面承诺不会因为招标文件的澄清与修改晚10天发出影响其投标。在规定的时间内,有一家投标人没有按招标人的要求递交该份承诺书,所以没有领到招标文件的澄清与修改内容。

开标后,这家投标人的报价特别高,导致了其没能中标,于是在开标后的第二天向行政监督部门进行了投诉,理由是由于其没有收到招标文件的澄清与修改,其投标报价按照原招标文件的内容进行报价,导致了其报价内容与其他投标人不一致,报价过高,进而没能中标,而不是其自身实力不满足招标文件,要求有关行政监督部门判定本次招标无效,依法重新进行招标投标。

问题:

(1)上述案例中,招标人在发出招标文件的澄清与修改环节中是否存在问题?为什么?

(2)上述案例中,投标人的投诉是否能够得到支持?为什么?

(3)案例标段二中,其他已经承诺不投诉的投标人事后是否可以投诉?为什么?

**5. 背景资料5**

某工程货物采购项目定于上午10:00投标截止,招标人在招标文件中规定的开标现场内安排专人接收投标文件,填写"投标文件接收登记表"。招标文件规定"投标文件正本、副本分开包装,并在封套上标记'正本'或'副本'字样。同时在开口处加贴封条,在封套的封口处加盖投标人法人章。否则不予受理。"

投标人 A 的正本与副本封装在了一个文件箱内;

投标人 B 采用档案袋封装的投标文件,一共有 5 个档案袋,上面没有标记正本、副本字样;

投标人 C 投标文件在投标截止时间前送达,但其投标保证金在招标文件规定的投标截止时间后两分钟送达;

投标人 D 在招标文件规定的投标截止时间后 1 分钟送到;

投标人 E 在投标截止时间前几秒钟,携带全套投标文件跨进了投标文件接收地点某会议室,但距离招标人安排的投标文件接收人员的办公桌还需要走 20 秒,将投标文件递交给投标文件接收人员时,时间已经超过了上午 10:00;

其他 F、G、H 投标人递交的投标文件均满足要求。

问题:

确定上述投标人 A~H 的投标文件哪些应接收,哪些应拒绝接收,说明理由。

6. 背景资料 6

某依法必须进行招标的工程施工项目采用资格后审组织公开招标,在投标截止时间时,招标人共受理了 6 份投标文件,随后组织有关人员对投标人的资格进行审查,查核有关证明、证件的原件。有一个投标人没有派人参加开标会议,还有一个投标人少携带了一个证件的原件,没能通过招标人组织的资格审查。招标人对通过资格审查的投标人 A、B、C、D 组织了开标。

投标人 A 没有递交投标保证金,招标人当场宣布 A 的投标文件为无效投标文件,不进入唱标程序;

唱标过程中,投标人 B 的投标函上有两个投标报价,招标人要求其确认了其中一个报价进行唱标;

投标人 C 在投标函上填写的报价,大写玖拾捌万万元人民币与小写 980000.00 元不一致,招标人查对了其投标文件中工程报价汇总表,发现投标函上报价的小写数值与投标报价汇总表一致,在开标会上要求该投标人改正,按照其投标函上小写数值进行了唱标;

投标人 D 的投标函没有盖投标人单位章,同时又没有法定代表人或其委托代理人签字,招标人唱标后,当场宣布 D 的投标为废标。这样仅剩 B、C 两个人的投标,招标人认为有效投标少于 3 家,不具有竞争性,否决了所有投标。

问题:

(1)开标过程中,组织有关公证人员或投标人代表检查投标文件密封情况的目的是什么?

(2)招标人确定进入开标或唱标投标人的做法是否正确?为什么?如不正确,正确的做法应怎样做?

(3)招标人在唱标过程中针对一些特殊情况的处理是否正确?为什么?

(4)开标会议上,招标人是否有权否决所有投标?为什么?给出正确的做法。

(三)任务知识点

1. 招标组织程序内容

招标组织程序见表 4-5。

表 4-5  招标组织程序

| 序号 | 工作名称 | 主要内容 | |
|---|---|---|---|
| 1 | 招标公告或投标邀请书 | 公开招标 | 公开招标，应当发布招标公告。依法必须进行招标的项目的招标公告，应当通过国家指定的媒介，如《中国日报》、《中国经济导报》、《中国建设报》和《中国采购与招标网》等媒介上发布。<br>招标公告应当载明招标人的名称和地址、招标项目的性质、数量、资金来源、资格条件、实施地点和时间、获取招标文件或资格预审文件的办法等事项。 |
| | | 邀请招标 | 邀请招标，招标人应当向 3 个以上具备承担招标项目的能力、资信良好的特定的法人或者其他组织发出投标邀请书。<br>投标邀请书应当载明招标人的名称和地址、招标项目的性质、数量、资金来源、资格条件、实施地点和时间以及获取招标文件的办法等事项。 |
| 2 | 资格预审文件或招标文件的编制 | 编制资格预审文件，应当载明资格预审的条件、标准和方法。一般包括：资格预审公告、申请人须知、资格审查办法、资格预审申请文件格式、项目概况等内容。<br>编制招标文件，应当包括招标项目的技术要求、对投标人资格审查的标准、投标报价要求和评标标准等实质性要求和条件以及拟签订合同的主要条款。一般包括：投标邀请书、投标人须知、评标标准和方法、合同条款及格式、技术标准和要求、投标文件格式等内容。<br>招标文件规定的各项技术标准应符合国家强制性标准。招标文件中规定的各项技术标准均不得要求或标明某一特定的专利、商标、名称、设计、原产地或生产供应者，不得含有倾向或者排斥潜在投标人的其他内容。如果必须引用某一生产供应者的技术标准才能准确或清楚地说明拟招标项目的技术标准时，则应当在参照后面加上"或相当于"的字样。<br>招标人可以要求投标人在提交符合招标文件规定要求的投标文件外，提交备选投标方案，但应在招标文件中明示，并提出相应的评审和比较办法。<br>招标人应当确定投标人编制投标文件所需要的合理时间；但是，依法必须进行招标的项目，自招标文件开始发出之日起至投标人提交投标文件截止之日止，最短不得少于 20 日。<br>招标人可以在招标文件中要求投标人提交投标保证金，一般不得超过投标总价的 2%，但最高不得超过 80 万元人民币。除现金外，投标保证金可以是银行出具的银行保函、保兑支票、银行汇票。政府采购货物与服务的，其投标保证金不得超过采购项目概算的 1%。 | |

| 序号 | 工作名称 | 主要内容 |
| --- | --- | --- |
| 3 | 资格预审文件或招标文件的发售 | 按招标公告或者投标邀请书规定的时间、地点出售招标文件或资格预审文件。自招标文件或者资格预审文件出售之日起至停止出售之日止,最短不得少于5个工作日。<br>招标文件可以通过信息网络或者其他媒介发布,通过信息网络或者其他媒介发布的招标文件与书面招标文件具有同等法律效力,但出现不一致时以书面招标文件为准。<br>对招标文件或者资格预审文件的收费应当合理,不得以营利为目的。对于所附的设计文件,招标人可以向投标人酌收押金;对于开标后投标人退还设计文件的,招标人应当向投标人退还押金。<br>招标文件或者资格预审文件售出后,不予退还。招标人在发布招标公告、发出投标邀请书后或者售出招标文件或资格预审文件后不得擅自终止招标。 |
| 4 | 资格审查 | 资格审查主要审查潜在投标人或者投标人是否符合下列条件:<br>(一)具有独立订立合同的权利;<br>(二)具有履行合同的能力,包括专业、技术资格和能力,资金、设备和其他物质设施状况,管理能力,经验、信誉和相应的从业人员;<br>(三)没有处于被责令停业,投标资格被取消,财产被接管、冻结、破产状态;<br>(四)在最近3年内没有骗取中标和严重违约及重大质量问题;<br>(五)法律、行政法规规定的其他资格条件。<br>资格审查分为资格预审和资格后审。资格预审,指在投标前对潜在投标人进行的资格审查。资格后审,指在开标后评标委员会对投标人进行的资格审查。<br>采取资格预审的,应当在资格预审文件中载明资格预审的条件、标准和方法;采取资格后审的,应当在招标文件中载明对投标人资格要求的条件、标准和方法。<br>招标人不得改变载明的资格条件或者以没有载明的资格条件对潜在投标人或者投标人进行资格审查。<br>经资格预审后,招标人应当向资格预审合格的潜在投标人发出资格预审合格通知书,告知获取招标文件的时间、地点和方法,并同时向资格预审不合格的潜在投标人告知资格预审结果。资格预审不合格的潜在投标人不得参加投标。经资格后审不合格的投标人的投标应作废标处理。<br>资格审查时,招标人不得以不合理的条件限制、排斥潜在投标人或者投标人,不得对潜在投标人或者投标人实行歧视待遇。任何单位和个人不得以行政手段或者其他不合理方式限制投标人的数量。 |

续表 4-5

| 序号 | 工作名称 | 主要内容 |
|---|---|---|
| 5 | 现场踏勘 | 根据招标项目的具体情况,可以组织潜在投标人现场踏勘。潜在投标人依据招标人介绍情况作出的判断和决策,由投标人自行负责。 |
| 6 | 招标文件的澄清与修改 | 对于潜在投标人在阅读招标文件和现场踏勘中提出的疑问,招标人可以书面形式或召开投标预备会的方式解答,但需在招标文件要求提交投标文件截止时间至少15日前将解答以书面方式通知所有购买招标文件的潜在投标人。 |
| 7 | 标底 | 项目需要编制标底的,编制过程和标底文件必须保密。标底由招标人自行编制或委托中介机构编制。一个工程只能编制一个标底。 |
| 8 | 投标文件不予受理情形 | 投标文件有下列情形之一的,招标人不予受理:<br>(一)逾期送达的或者未送达指定地点的;<br>(二)未按招标文件要求密封的。 |
| 9 | 开标 | 开标由招标人主持公开进行,邀请所有投标人参加。开标时间应当为提交投标文件截止时间的同一时间,地点为招标文件中确定的地点。<br>招标人在招标文件要求提交投标文件的截止时间前受理的所有投标文件,开标时都应当当众予以拆封、宣读。<br>开标时,由投标人或者其推选的代表检查投标文件的密封情况,也可以由招标人委托的公证机构检查并公证。经确认无误后,由工作人员当众拆封,宣读投标人名称、投标价格和投标文件的其他主要内容。开标过程应当记录,并存档备查。 |

续表 4-5

| 序号 | 工作名称 | 主要内容 |
| --- | --- | --- |
| 10 | 评标 | 评标由招标人依法组建的评标委员会负责。<br>　　依法必须进行招标的项目,其评标委员会由招标人的代表和有关技术、经济等方面的专家组成,成员人数为 5 人以上单数,其中技术、经济等方面的专家不得少于成员总数的 2/3。<br>　　上述专家应当从事相关领域工作满 8 年并具有高级职称或者具有同等专业水平,由招标人从国务院有关部门或者省、自治区、直辖市人民政府有关部门提供的专家名册或者招标代理机构的专家库内的相关专业的专家名单中确定,其中政府投资项目的评标专家,须由政府相关部门组建的专家库中产生。<br>　　有下列情形之一的人员,不得担任评标委员会成员:<br>　　(一)投标人或者投标主要负责人的近亲属;<br>　　(二)项目主管部门或者行政监督部门的人员;<br>　　(三)与投标人有经济利益关系,可能影响对投标公正评审的;<br>　　(四)曾因在招标、评标以及其他与招标投标有关活动从事违法行为而受过行政处罚或刑事处罚的。<br>　　评标委员会成员的名单在中标结果确定前应当保密。<br>　　招标人应当采取必要的措施,保证评标在严格保密的情况下进行。<br>　　任何单位和个人不得非法干预、影响评标的过程和结果。<br>　　评标委员会应当根据招标文件规定的评标标准和方法,对投标文件进行系统的评审和比较。招标文件中没有规定的标准和方法不得作为评标的依据。<br>　　评标委员会可以要求投标人对投标文件中含义不明确的内容作必要的澄清或者说明,但是澄清或者说明不得超出投标文件的范围或者改变投标文件的实质性内容。<br>　　评标委员会完成评标后,应当向招标人提出书面评标报告,并推荐合格的中标候选人。国务院对特定招标项目的评标有特别规定的,从其规定。 |

续表 4-5

| 序号 | 工作名称 | 主要内容 |
|---|---|---|
| 11 | 定标 | 招标人根据评标委员会提出的书面评标报告和推荐的中标候选人确定中标人,也可以授权评标委员会直接确定中标人。<br>在确定中标人前,招标人不得与投标人就投标价格、投标方案等实质性内容进行谈判。<br>招标人不得向中标人提出压低报价、增加工作量、缩短完成期限、增加配件或者售后服务量以及其他超出招标文件规定的违背中标人意愿的要求,并以此作为发出中标通知书和签订合同的条件。<br>依法必须进行施工招标的项目,以及使用国有资金投资或者国家融资的其他招标项目,招标人应当确定排名第一的中标候选人为中标人。排名第一的中标候选人放弃中标、因不可抗力提出不能履行合同,或者招标文件规定应当提交履约保证金而在规定的期限内未能提交的,招标人可以确定排名第二的中标候选人为中标人。<br>排名第二的中标候选人因前款规定的同样原因不能签订合同的,招标人可以确定排名第三的中标候选人为中标人。<br>招标人可以授权评标委员会直接确定中标人。<br>国务院对中标人的确定另有规定的,从其规定。<br>中标通知书对招标人和中标人具有法律效力。中标通知书发出后,招标人改变中标结果的,或者中标人放弃中标项目的,须依法承担法律责任。 |
| 12 | 合同签订 | 招标人和中标人应当自中标通知书发出之日起 30 日内,按照招标文件和中标人的投标文件订立书面合同。招标人和中标人不得再行订立背离合同实质性内容的其他协议。<br>招标人不得直接指定分包人。 |
| 13 | 履约担保 | 招标文件要求中标人提交履约保证金或者其他形式履约担保的,中标人应当提交;拒绝提交的,视为放弃中标项目。招标人要求中标人提供履约保证金或其他形式履约担保的,招标人应当同时向中标人提供合同价款支付担保。 |
| 14 | 投标保证金退还 | 招标人与中标人签订合同后 5 个工作日内,应当向中标人和未中标的投标人一次性退还投标保证金。 |

续表 4-5

| 序号 | 工作名称 | 主要内容 |
| --- | --- | --- |
| 15 | 招标结果报告 | 依法必须进行招标的项目，招标人应当自确定中标人之日起 15 日内，向有关行政监督部门提交招标投标情况的书面报告。<br>书面报告的内容如下：<br>（一）招标范围；<br>（二）招标方式和发布招标公告的媒介；<br>（三）招标文件中投标人须知、技术条款、评标标准和方法、合同主要条款等内容；<br>（四）评标委员会的组成和评标报告；<br>（五）中标结果。<br>必要时，招标人与中标人签订的合同需向有关行政监督部门备案。 |
| 16 | 不得擅自终止招标 | 招标人在发布招标公告、发出投标邀请书后或者售出招标文件或资格预审文件后不得擅自终止招标。否则，有关行政监督部门给予警告，根据情节可处 3 万元以下的罚款；给潜在投标人或者投标人造成损失的，并应当赔偿损失。 |

**2. 其他采购程序内容**

其他采购包括竞争性谈判采购、单一来源采购、询价采购等，其具体的组织程序和内容分别见表 4-6、4-7、4-8。

表 4-6  竞争性谈判组织程序与内容

| 序号 | 工作名称 | 主要内容 |
| --- | --- | --- |
| 1 | 成立谈判小组 | 谈判小组由采购人的代表和有关专家共 3 人以上的单数组成，其中专家的人数不得少于成员总数的 2/3，专家应从事相关领域工作 8 年以上，具有本科及以上学历、高级技术职称或有同等专业水平。必要时，由采购人从政府相关部门组建的专家库中确定<br>与供应商存在利害关系的采购人员、谈判小组人员及相关工作人员须回避 |
| 2 | 编制谈判文件 | 谈判文件应当明确谈判程序、谈判内容、合同草案的条款以及评定成交的标准等事项 |
| 3 | 邀请谈判供应商 | 从符合相应资格条件的供应商名单中确定不少于 3 家的供应商参加谈判，并向其发出谈判邀请书 |
| 4 | 发出谈判文件 | 向邀请的谈判供应商发出谈判文件 |
| 5 | 接收谈判申请文件 | 接收在申请截止时间前递交的谈判申请文件 |

续表 4-6

| 序号 | 工作名称 | 主要内容 |
|---|---|---|
| 6 | 谈判 | 谈判小组逐一与供应商进行谈判。在谈判中,任何一方不得透露与谈判有关的其他供应商的技术资料、价格和其他信息 |
| 7 | 最终报价 | 谈判结束后,要求所有参加谈判的供应商在规定时间内进行最终报价 |
| 8 | 评估报告 | 谈判小组完成书面的评估报告,确定成交候选人名单及签订合同应注意的事项 |
| 9 | 确定成交供应商 | 采购人从谈判小组提出的成交候选人中确定成交供应商。属于政府采购项目的,采购人须根据符合采购需求、质量和服务相等且报价最低的原则确定成交供应商,发出成交通知书,并将结果通知所有参加谈判的未成交的供应商 |
| 10 | 合同签订 | 采购人在发出成交通知书 30 日内,按照采购文件确定的事项与成交供应商签订书面合同 |
| 11 | 合同备案 | 必要时,采购人与成交供应商签订完合同后 7 个工作日内,将采购合同副本报行政监管机构备案 |

表 4-7 单一来源采购程序与内容

| 序号 | 工作名称 | 主要内容 |
|---|---|---|
| 1 | 采购 | 依据国家相关法律法规,采购人与供应商在保证采购项目质量和双方商定合理价格的基础上与供应商签订书面合同,进行采购 |
| 2 | 合同备案 | 必要时,采购人与成交供应商签订完合同后 7 个工作日内,将采购合同副本报行政监管机构备案 |

表 4-8 询价程序与内容

| 序号 | 工作名称 | 主要内容 |
|---|---|---|
| 1 | 成立询价小组 | 询价小组由采购人的代表和有关专家共 3 人以上的单数组成,其中专家的人数不得少于成员总数的 2/3,专家应从事相关领域工作 8 年以上,具有本科及以上学历、高级技术职称或有同等专业水平。必要时,由采购人从政府相关部门组建的专家库中确定<br>与供应商存在利害关系的采购人员、询价小组人员及相关工作人员须回避 |
| 2 | 编制询价通知书 | 询价通知书应当明确询价内容、程序以及评定成交的标准等事项 |
| 3 | 邀请询价供应商 | 从符合相应资格条件的供应商名单中确定不少于 3 家的供应商参加询价 |
| 4 | 发出询价通知书 | 向邀请的询价供应商发出询价通知书 |
| 5 | 受理报价文件 | 受理在申请截止时间前递交的报价文件 |

续表 4-8

| 序号 | 工作名称 | 主要内容 |
|---|---|---|
| 6 | 询价 | 被询价供应商一次报出不得更改的价格 |
| 7 | 确定成交供应商 | 采购人从询价小组提出的成交候选人中确定成交供应商。属于政府采购项目的,采购人须根据符合采购需求、质量和服务相等且报价最低的原则确定成交供应商,并将结果通知所有被询价的供应商 |
| 8 | 合同签订 | 采购人在发出成交通知书 30 日内,按照采购文件确定的事项与成交供应商签订书面合同 |
| 9 | 合同备案 | 必要时,采购人与成交供应商签订完合同后 7 个工作日内,将采购合同副本报行政监管机构备案 |

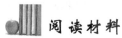

## 阅读材料

### 工程建设项目货物招标投标办法

#### 第一章 总则

**第一条** 为规范工程建设项目的货物招标投标活动,保护国家利益、社会公共利益和招标投标活动当事人的合法权益,保证工程质量,提高投资效益,根据《中华人民共和国招标投标法》、《中华人民共和国招标投标法实施条例》和国务院有关部门的职责分工,制定本办法。

**第二条** 本办法适用于在中华人民共和国境内的工程建设项目货物招标投标活动。

**第三条** 工程建设项目符合《工程建设项目招标范围和规模标准规定》(原国家计委令第3号)规定的范围和标准的,必须通过招标选择货物供应单位。

任何单位和个人不得将依法必须进行招标的项目化整为零或者以其他任何方式规避招标。

**第四条** 工程建设项目货物招标投标活动应当遵循公开、公平、公正和诚实信用的原则。货物招标投标活动不受地区或者部门的限制。

**第五条** 工程建设项目货物招标投标活动,依法由招标人负责。

工程建设项目招标人对项目实行总承包招标时,未包括在总承包范围内的货物属于依法必须进行招标的项目范围且达到国家规定规模标准的,应当由工程建设项目招标人依法组织招标。

工程建设项目实行总承包招标时,以暂估价形式包括在总承包范围内的货物属于依法必须进行招标的项目范围且达到国家规定规模标准的,应当依法组织招标。

**第六条** 各级发展改革、工业和信息化、住房城乡建设、交通运输、铁道、水利、民航等部门依照国务院和地方各级人民政府关于工程建设项目行政监督的职责分工,对工程建设项目中所包括的货物招标投标活动实施监督,依法查处货物招标投标活动中的违法行为。

#### 第二章 招标

**第七条** 工程建设项目招标人是依法提出招标项目、进行招标的法人或者其他组织。本办法第五条总承包中标人单独或者共同招标时,也为招标人。

**第八条** 依法必须招标的工程建设项目,应当具备下列条件才能进行货物招标:

（一）招标人已经依法成立；
（二）按照国家有关规定应当履行项目审批、核准或者备案手续的，已经审批、核准或者备案；
（三）有相应资金或者资金来源已经落实；
（四）能够提出货物的使用与技术要求。

第九条　依法必须进行招标的工程建设项目，按国家有关规定需要履行审批、核准手续的，招标人应当在报送的可行性研究报告、资金申请报告或者项目申请报告中将货物招标范围、招标方式（公开招标或邀请招标）、招标组织形式（自行招标或委托招标）等有关招标内容报项目审批、核准部门审批、核准。项目审批、核准部门应当将审批、核准的招标内容通报有关行政监督部门。

第十条　货物招标分为公开招标和邀请招标。

第十一条　依法应当公开招标的项目，有下列情形之一的，可以邀请招标：
（一）技术复杂、有特殊要求或者受自然环境限制，只有少量潜在投标人可供选择；
（二）采用公开招标方式的费用占项目合同金额的比例过大；
（三）涉及国家安全、国家秘密或者抢险救灾，适宜招标但不宜公开招标。

有前款第二项所列情形，属于按照国家有关规定需要履行项目审批、核准手续的依法必须进行招标的项目，由项目审批、核准部门认定；其他项目由招标人申请有关行政监督部门作出认定。

第十二条　采用公开招标方式的，招标人应当发布资格预审公告或者招标公告。依法必须进行货物招标的招标公告，应当在国家指定的报刊或者信息网络上发布。

采用邀请招标方式的，招标人应当向三家以上具备货物供应的能力、资信良好的特定的法人或者其他组织发出投标邀请书。

第十三条　招标公告或者投标邀请书应当载明下列内容：
（一）招标人的名称和地址；
（二）招标货物的名称、数量、技术规格、资金来源；
（三）交货的地点和时间；
（四）获取招标文件或者资格预审文件的地点和时间；
（五）对招标文件或者资格预审文件收取的费用；
（六）提交资格预审申请书或者投标文件的地点和截止日期；
（七）对投标人的资格要求。

第十四条　招标人应当按照资格预审公告、招标公告或者投标邀请书规定的时间、地点发售招标文件或者资格预审文件。自招标文件或者资格预审文件发售之日起至停止发售之日止，最短不得少于五日。

招标人可以通过信息网络或者其他媒介发布招标文件，通过信息网络或者其他媒介发布的招标文件与书面招标文件具有同等法律效力，出现不一致时以书面招标文件为准，但国家另有规定的除外。

对招标文件或者资格预审文件的收费应当限于补偿印刷、邮寄的成本支出，不得以营利为目的。

除不可抗力原因外，招标文件或者资格预审文件发出后，不予退还；招标人在发布招标公告、发出投标邀请书后或者发出招标文件或资格预审文件后不得终止招标。招标人终止招标的,应当及时发布公告,或者以书面形式通知被邀请的或者已经获取资格预审文件、招标文件的潜在投标人。已经发售资格预审文件、招标文件或者已经收取投标保证金的,招标人应当及时退还所收取的资格预审文件、招标文件的费用,以及所收取的投标保证金及银行同期存款利息。

第十五条　招标人可以根据招标货物的特点和需要,对潜在投标人或者投标人进行资格审查;国家对潜在投标人或者投标人的资格条件有规定的,依照其规定。

第十六条　资格审查分为资格预审和资格后审。

资格预审,是指招标人出售招标文件或者发出投标邀请书前对潜在投标人进行的资格审查。资格预审一般适用于潜在投标人较多或者大型、技术复杂货物的招标。

资格后审,是指在开标后对投标人进行的资格审查。资格后审一般在评标过程中的初步评审开始时进行。

第十七条　采取资格预审的,招标人应当发布资格预审公告。资格预审公告适用本办法第十二条、第十三条有关招标公告的规定。

第十八条　资格预审文件一般包括下列内容:

(一)资格预审公告;

(二)申请人须知;

(三)资格要求;

(四)其他业绩要求;

(五)资格审查标准和方法;

(六)资格预审结果的通知方式。

第十九条　采取资格预审的,招标人应当在资格预审文件中详细规定资格审查的标准和方法;采取资格后审的,招标人应当在招标文件中详细规定资格审查的标准和方法。

招标人在进行资格审查时,不得改变或补充载明的资格审查标准和方法或者以没有载明的资格审查标准和方法对潜在投标人或者投标人进行资格审查。

第二十条　经资格预审后,招标人应当向资格预审合格的潜在投标人发出资格预审合格通知书,告知获取招标文件的时间、地点和方法,并同时向资格预审不合格的潜在投标人告知资格预审结果。依法必须招标的项目通过资格预审的申请人不足三个的,招标人在分析招标失败的原因并采取相应措施后,应当重新招标。

对资格后审不合格的投标人,评标委员会应当对其投标作废标处理。

第二十一条　招标文件一般包括下列内容:

(一)招标公告或者投标邀请书;

(二)投标人须知;

(三)投标文件格式;

(四)技术规格、参数及其他要求;

(五)评标标准和方法;

(六)合同主要条款。

招标人应当在招标文件中规定实质性要求和条件,说明不满足其中任何一项实质性要求和条件的投标将被拒绝,并用醒目的方式标明;没有标明的要求和条件在评标时不得作为实质性要求和条件。对于非实质性要求和条件,应规定允许偏差的最大范围、最高项数,以及对这些偏差进行调整的方法。

国家对招标货物的技术、标准、质量等有规定的,招标人应当按照其规定在招标文件中提出相应要求。

第二十二条　招标货物需要划分标包的,招标人应合理划分标包,确定各标包的交货期,并在招标文件中如实载明。

招标人不得以不合理的标包限制或者排斥潜在投标人或者投标人。依法必须进行招标的项目的招标人不得利用标包划分规避招标。

第二十三条　招标人允许中标人对非主体货物进行分包的,应当在招标文件中载明。主要设备、材料或者供货合同的主要部分不得要求或者允许分包。

除招标文件要求不得改变标准货物的供应商外,中标人经招标人同意改变标准货物的供应商的,不应视为转包和违法分包。

第二十四条　招标人可以要求投标人在提交符合招标文件规定要求的投标文件外,提交备选投标方案,但应当在招标文件中作出说明。不符合中标条件的投标人的备选投标方案不予考虑。

第二十五条　招标文件规定的各项技术规格应当符合国家技术法规的规定。

招标文件中规定的各项技术规格均不得要求或标明某一特定的专利技术、商标、名称、设计、原产地或供应者等,不得含有倾向或者排斥潜在投标人的其他内容。如果必须引用某一供应者的技术规格才能准确或清楚地说明拟招标货物的技术规格时,则应当在参照后面加上"或相当于"的字样。

第二十六条　招标文件应当明确规定评标时包含价格在内的所有评标因素,以及据此进行评估的方法。

在评标过程中,不得改变招标文件中规定的评标标准、方法和中标条件。

第二十七条　招标人可以在招标文件中要求投标人以自己的名义提交投标保证金。投标保证金除现金外,可以是银行出具的银行保函、保兑支票、银行汇票或现金支票,也可以是招标人认可的其他合法担保形式。依法必须进行招标的项目的境内投标单位,以现金或者支票形式提交的投标保证金应当从其基本账户转出。

投标保证金一般不得超过项目估算价的百分之二,但最高不得超过八十万元人民币。投标保证金有效期应当与投标有效期一致。

投标人应当按照招标文件要求的方式和金额,在提交投标文件截止时间前将投标保证金提交给招标人或其委托的招标代理机构。

第二十八条　招标文件应当规定一个适当的投标有效期,以保证招标人有足够的时间完成评标和与中标人签订合同。投标有效期从招标文件规定的提交投标文件截止之日起计算。

在原投标有效期结束前,出现特殊情况的,招标人可以书面形式要求所有投标人延长投标有效期。投标人同意延长的,不得要求或被允许修改其投标文件的实质性内容,但应当相应延长其投标保证金的有效期;投标人拒绝延长的,其投标失效,但投标人有权收回其投标保证金及银行同期存款利息。

依法必须进行招标的项目同意延长投标有效期的投标人少于三个的,招标人在分析招标失败的原因并采取相应措施后,应当重新招标。

第二十九条　对于潜在投标人在阅读招标文件中提出的疑问,招标人应当以书面形式、投标预备会方式或者通过电子网络解答,但需同时将解答以书面方式通知所有购买招标文件的潜在投标人。该解答的内容为招标文件的组成部分。

除招标文件明确要求外,出席投标预备会不是强制性的,由潜在投标人自行决定,并自行承担由此可能产生的风险。

第三十条　招标人应当确定投标人编制投标文件所需的合理时间。依法必须进行招标的货物,自招标文件开始发出之日起至投标人提交投标文件截止之日止,最短不得少于二十日。

第三十一条　对无法精确拟定其技术规格的货物,招标人可以采用两阶段招标程序。

在第一阶段,招标人可以首先要求潜在投标人提交技术建议,详细阐明货物的技术规格、质量和其它特性。招标人可以与投标人就其建议的内容进行协商和讨论,达成一个统一的技术规格后编制招标文件。

在第二阶段,招标人应当向第一阶段提交了技术建议的投标人提供包含统一技术规格的正式招标文件,投标人根据正式招标文件的要求提交包括价格在内的最后投标文件。

招标人要求投标人提交投标保证金的,应当在第二阶段提出。

## 第三章　投标

第三十二条　投标人是响应招标、参加投标竞争的法人或者其他组织。

法定代表人为同一个人的两个及两个以上法人,母公司、全资子公司及其控股公司,都不得在同一货物招标中同时投标。

违反前两款规定的,相关投标均无效。

一个制造商对同一品牌同一型号的货物,仅能委托一个代理商参加投标。

第三十三条　投标人应当按照招标文件的要求编制投标文件。投标文件应当对招标文件提出的实质性要求和条件作出响应。

投标文件一般包括下列内容:

(一)投标函;

(二)投标一览表;

(三)技术性能参数的详细描述

(四)商务和技术偏差表;

(五)投标保证金;

(六)有关资格证明文件;

(七)招标文件要求的其他内容。

投标人根据招标文件载明的货物实际情况,拟在中标后将供货合同中的非主要部分进行分包的,应当在投标文件中载明。

第三十四条　投标人应当在招标文件要求提交投标文件的截止时间前,将投标文件密封送达招标文件中规定的地点。招标人收到投标文件后,应当向投标人出具标明签收人和签收时间的凭证,在开标前任何单位和个人不得开启投标文件。

在招标文件要求提交投标文件的截止时间后送达的投标文件,招标人应当拒收。

依法必须进行招标的项目,提交投标文件的投标人少于三个的,招标人在分析招标失败的原因并采取相应措施后,应当依法重新招标。重新招标后投标人仍少于三个的,按国家有关规定需要履行审批、核准手续的依法必须进行招标的项目,报项目审批、核准部门审批、核准后可以不再进行招标。

第三十五条 投标人在招标文件要求提交投标文件的截止时间前,可以补充、修改、替代或者撤回已提交的投标文件,并书面通知招标人。补充、修改的内容为投标文件的组成部分。

第三十六条 在提交投标文件截止时间后,投标人不得撤销其投标文件,否则招标人可以不退还其投标保证金。

第三十七条 招标人应妥善保管好已接收的投标文件、修改或撤回通知、备选投标方案等投标资料,并严格保密。

第三十八条 两个以上法人或者其他组织可以组成一个联合体,以一个投标人的身份共同投标。

联合体各方签订共同投标协议后,不得再以自己名义单独投标,也不得组成或参加其他联合体在同一项目中投标;否则相关投标均无效。

联合体中标的,应当指定牵头人或代表,授权其代表所有联合体成员与招标人签订合同,负责整个合同实施阶段的协调工作。但是,需要向招标人提交由所有联合体成员法定代表人签署的授权委托书。

第三十九条 招标人接受联合体投标并进行资格预审的,联合体应当在提交资格预审申请文件前组成,资格预审后联合体增减、更换成员的,其投标无效。

招标人不得强制资格预审合格的投标人组成联合体。

## 第四章 开标、评标和定标

第四十条 开标应当在招标文件确定的提交投标文件截止时间的同一时间公开进行;开标地点应当为招标文件中确定的地点。

投标人或其授权代表有权出席开标会,也可以自主决定不参加开标会。

投标人对开标有异议的,应当在开标现场提出,招标人应当当场作出答复,并制作记录。

第四十一条 投标文件有下列情形之一的,招标人应当拒收:

(一)逾期送达;

(二)未按招标文件要求密封。

有下列情形之一的,评标委员会应当否决其投标:

(一)投标文件无经投标单位单位盖章和单位负责人签字;

(二)投标联合体没有提交共同投标协议;

(三)投标人不符合国家或者招标文件规定的资格条件;

(四)同一投标人提交两个以上不同的投标文件或者投标报价,但招标文件要求提交备选投标的除外;

(五)投标标价低于成本或者高于招标文件设定的最高投标限价;

(六)投标文件没有对招标文件的实质性要求和条件作出响应;

(七)投标人有串通投标、弄虚作假、行贿等违法行为。

依法必须招标的项目评标委员会否决所有投标的,或者评标委员会否决一部分投标后其他有效投标不足三个使得投标明显缺乏竞争,决定否决全部投标的,招标人在分析招标失败的原因并采取相应措施后,应当重新招标。

第四十二条 评标委员会可以书面方式要求投标人对投标文件中含义不明确、对同类问题表述不一致或者有明显文字和计算错误的内容作必要的澄清、说明或补正。评标委员会不得向投标人提出带有暗示性或诱导性的问题,或向其明确投标文件中的遗漏和错误。

第四十三条  投标文件不响应招标文件的实质性要求和条件的,评标委员会不得允许投标人通过修正或撤销其不符合要求的差异或保留,使之成为具有响应性的投标。

第四十四条  技术简单或技术规格、性能、制作工艺要求统一的货物,一般采用经评审的最低投标价法进行评标。技术复杂或技术规格、性能、制作工艺要求难以统一的货物,一般采用综合评估法进行评标。

第四十五条  符合招标文件要求且评标价最低或综合评分最高而被推荐为中标候选人的投标人,其所提交的备选投标方案方可予以考虑。

第四十六条  评标委员会完成评标后,应向招标人提出书面评标报告。评标报告由评标委员会全体成员签字。

第四十七条  评标委员会在书面评标报告中推荐的中标候选人应当限定在一至三人,并标明排列顺序。招标人应当接受评标委员会推荐的中标候选人,不得在评标委员会推荐的中标候选人之外确定中标人。

依法必须进行招标的项目,招标人应当自收到评标报告之日起三日内公示中标候选人,公示期不得少于三日。

第四十八条  国有资金占控股或者主导地位的依法必须进行招标的项目,招标人应当确定排名第一的中标候选人为中标人。排名第一的中标候选人放弃中标、因不可抗力提出不能履行合同、不按照招标文件要求提交履约保证金,或者被查实存在影响中标结果的违法行为等情形,不符合中标条件的,招标人可以按照评标委员会提出的中标候选人名单排序依次确定其他中标候选人为中标人。依次确定其他中标候选人与招标人预期差距较大,或者对招标人明显不利的,招标人可以重新招标。

招标人可以授权评标委员会直接确定中标人。

国务院对中标人的确定另有规定的,从其规定。

第四十九条  招标人不得向中标人提出压低报价、增加配件或者售后服务量以及其他超出招标文件规定的违背中标人意愿的要求,以此作为发出中标通知书和签订合同的条件。

第五十条  中标通知书对招标人和中标人具有法律效力。中标通知书发出后,招标人改变中标结果的,或者中标人放弃中标项目的,应当依法承担法律责任。

中标通知书由招标人发出,也可以委托其招标代理机构发出。

第五十一条  招标人和中标人应当在投标有效期内并在自中标通知书发出之日起三十日内,按照招标文件和中标人的投标文件订立书面合同。招标人和中标人不得再行订立背离合同实质性内容的其他协议。

招标文件要求中标人提交履约保证金或者其他形式履约担保的,中标人应当提交;拒绝提交的,视为放弃中标项目。招标人要求中标人提供履约保证金或其他形式履约担保的,招标人应当同时向中标人提供货物款支付担保。

履约保证金不得超过中标合同金额的10%。

第五十二条  招标人最迟应当在书面合同签订后五日内,向中标人和未中标的投标人一次性退还投标保证金及银行同期存款利息。

第五十三条  必须审批的工程建设项目,货物合同价格应当控制在批准的概算投资范围内;确需超出范围的,应当在中标合同签订前,报原项目审批部门审查同意。项目审批部门应当根据招标的实际情况,及时作出批准或者不予批准的决定;项目审批部门不予批准的,招标人应当自行平衡超出的概算。

第五十四条 依法必须进行货物招标的项目,招标人应当自确定中标人之日起十五日内,向有关行政监督部门提交招标投标情况的书面报告。

前款所称书面报告至少应包括下列内容:

(一)招标货物基本情况;

(二)招标方式和发布招标公告或者资格预审公告的媒介;

(三)招标文件中投标人须知、技术条款、评标标准和方法、合同主要条款等内容;

(四)评标委员会的组成和评标报告;

(五)中标结果。

## 第五章 罚则

第五十五条 招标人有下列限制或者排斥潜在投标行为之一的,由有关行政监督部门依照招标投标法第五十一条的规定处罚;其中,构成依法必须进行招标的项目的招标人规避招标的,依照招标投标法第四十九条的规定处罚:

(一)依法应当公开招标的项目不按照规定在指定媒介发布资格预审公告或者招标公告;

(二)在不同媒介发布的同一招标项目的资格预审公告或者招标公告内容不一致,影响潜在投标人申请资格预审或者投标。

第五十六条 招标人有下列情形之一的,由有关行政监督部门责令改正,可以处10万元以下的罚款:

(一)依法应当公开招标而采用邀请招标的;

(二)招标文件、资格预审文件的发售、澄清、修改的时限,或者确定的提交资格预审申请文件、投标文件的时限不符合招标投标法和招标投标法实施条例规定;

(三)接受未通过资格预审的单位或者个人参加投标;

(四)接受应当拒收的投标文件。

招标人有前款第一项、第三项、第四项所列行为之一的,对单位直接负责的主管人员和其他直接责任人员依法给予处分。

第五十七条 评标委员会成员有下列行为之一的,由有关行政监督部门责令改正;情节严重的,禁止其在一定期限内参加依法必须进行招标的项目的评标;情节特别严重的,取消其担任评标委员会成员的资格:

(一)应当回避而不回避;

(二)擅离职守;

(三)不按照招标文件规定的评标标准和方法评标;

(四)私下接触投标人;

(五)向招标人征询确定中标人的意向或者接受任何单位或者个人明示或者暗示提出的倾向或者排斥特定投标人的要求;

(六)对依法应当否决的投标不提出否决意见;

(七)暗示或者诱导投标人作出澄清、说明或者接受投标人主动提出的澄清、说明;

(八)其他不客观、不公正履行职务的行为。

第五十八条 依法必须进行招标的项目的招标人有下列情形之一的,由有关行政监督部门责令改正,可以处中标项目金额千分之十以下的罚款;给他人造成损失的,依法承担赔偿责任;对单位直接负责的主管人员和其他直接责任人员依法给予处分:

(一)无正当理由不发出中标通知书;

(二)不按照规定确定中标人;

(三)中标通知书发出后无正当理由改变中标结果;

(四)无正当理由不与中标人订立合同;

(五)在订立合同时向中标人提出附加条件。

中标通知书发出后,中标人放弃中标项目的,无正当理由不与招标人签订合同的,在签订合同时向招标人提出附加条件或者更改合同实质性内容的,或者拒不提交所要求的履约保证金的,取消其中标资格,投标保证金不予退还;给招标人的损失超过投标保证金数额的,中标人应当对超过部分予以赔偿;没有提交投标保证金的,应当对招标人的损失承担赔偿责任。对依法必须进行招标的项目的中标人,由有关行政监督部门责令改正,可以处中标金额千分之十以下罚款。

第五十九条 招标人不履行与中标人订立的合同的,应当返还中标人的履约保证金,并承担相应的赔偿责任;没有提交履约保证金的,应当对中标人的损失承担赔偿责任。

因不可抗力不能履行合同的,不适用前款规定。

第六十条 中标无效的,发出的中标通知书和签订的合同自始没有法律约束力,但不影响合同中独立存在的有关解决争议方法的条款的效力。

## 第六章 附则

第六十一条 不属于工程建设项目,但属于固定资产投资的货物招标投标活动,参照本办法执行。

第六十二条 使用国际组织或者外国政府贷款、援助资金的项目进行招标,贷款方、资金提供方对货物招标投标活动的条件和程序有不同规定的,可以适用其规定,但违背中华人民共和国社会公共利益的除外。

第六十三条 本办法由国家发展和改革委员会会同有关部门负责解释。

第六十四条 本办法自2005年3月1日起施行。

## 四、任务评价

### 1.填写任务评价表

完成以上任务,填写任务评价表,见表4-9。

表4-9 任务评价表

| 考核项目 | 分数 | | | 学生自评 | 小组互评 | 教师评价 | 小计 |
| --- | --- | --- | --- | --- | --- | --- | --- |
| | 差 | 中 | 好 | | | | |
| 案例分析是否有理有据 | 8 | 10 | 13 | | | | |
| 处理意见是否得当、合理 | 8 | 10 | 13 | | | | |

续表 4-9

| 考核项目 | 分数 | | | 学生自评 | 小组互评 | 教师评价 | 小计 |
|---|---|---|---|---|---|---|---|
| | 差 | 中 | 好 | | | | |
| 工作过程安排是否合理、规范 | 8 | 16 | 26 | | | | |
| 陈述是否完整、清晰 | 7 | 10 | 12 | | | | |
| 是否正确灵活运用已学知识 | 7 | 10 | 12 | | | | |
| 是否积极参与活动 | 7 | 10 | 12 | | | | |
| 是否具备团队合作精神 | 7 | 10 | 12 | | | | |
| 总计 | 52 | 76 | 100 | | | | |
| 教师签字： | | | | 年　月　日 | | 得分 | |

表头：任务评价表

2. 自我评价

(1) 完成此次任务过程中存在哪些问题？

(2) 产生问题的原因是什么？

(3) 请提出相应的解决问题的方法。

(4) 你认为还需要加强哪些方面的指导（实际工作过程及理论知识）？

## 五、拓展思考问题

(1) 试述工程项目货物采购强制招标的规定。
(2) 试述各种招标采购方式的使用场合。

## 任务 4.3　两阶段评标法评标

### 一、任务描述

评标是整个招投标活动非常重要的一个环节，通过科学合理的评标方法，能帮助企业确定合适的有实力的投标人，以促使工程建设项目或材料设备采购的顺利进行。两阶段评标法是施工单位经常使用的评标方法之一,作为一名合格的采购人员,熟练掌握该方法就显得十分必要。

## 二、学习目标

1. 掌握两阶段评标法的具体规定;
2. 掌握商务标、技术标的计算办法。

## 三、任务实施

### (一)任务引入、学习准备

**引导问题**

(1)评标过程有什么详细的规定?
_____
_____

(2)什么是商务标、技术标?什么是标底?
_____
_____

### (二)实施任务

**1. 案例 1**

某大型工程,由于技术难度大,对施工单位的施工设备和同类工程施工经验要求高,而且对工期的要求也比较紧迫。建设单位在对有关单位和在建工程考察的基础上,仅邀请了3家国有一级施工企业参加投标,并预先与咨询单位和该3家施工单位共同研究确定了施工方案。业主要求投标单位将技术标和商务标分别装订报送。经招标领导小组研究确定的评标规定如下:

(1)技术标共30分,其中施工方案10分(因已确定施工方案,各投标单位均得10分)、施工总工期10分、工程质量10分。满足业主总工期要求(36个月)者得4分,每提前1个月加1分,不满足者不得加分;自报工程质量合格者得4分,自报工程质量优良者得6分(若实际工程量未达到优良将扣罚合同价的2%),近三年内获鲁班奖每项加2分,获省优工程奖每项加1分。

(2)商务标共70分。报价不超过标底(35500万元)±5%的为有效标,超过的为废标。报价为标底的98%者得满分(70分),在此基础上,报价比标底每下降1%,扣1分,每上升1%,扣2分(计分按四舍五入取整)。

各投标单位的有关情况见表4-10。

表 4-10　各投标单位标书主要数据表

| 投标单位 | 报价(万元) | 总工期(月) | 自报工程质量 | 鲁班工程奖 | 省优工程奖 |
|---|---|---|---|---|---|
| A | 35642 | 33 | 优良 | 1 | 1 |
| B | 34364 | 31 | 优良 | 0 | 2 |
| C | 33867 | 32 | 合格 | 0 | 1 |

问题：
(1)该工程采用邀请招标方式且仅邀请3家施工单位投标，是否违反有关规定？
(2)计算各投标单位综合得分，请按综合得分最高者中标的原则确定中标单位。
(3)若改变该工程评标的有关规定，将技术标增加到40分，其中施工方案20分（各投标单位均得20分），商务标减少到60分。试计算各投标单位综合得分。

2. 案例 2

某工程项目确定采用邀请招标的方式，监理单位在招标前经测算确定该工程标底为4000万元，定额工期为40个月。经研究、考察确定邀请4家具备承包该工程项目相应资质等级的施工企业参加投标，招标小组研究确定采用综合评分法评标，评标的原则如下：

(1)评标的项目中各项评分的权重分别为：报价占40%；工期占20%；施工组织设计占20%；企业信誉占10%；施工经验占10%。
(2)各单项评分时，满分均按100分计，计算分数值取小数点后一位数。
(3)"报价"项的评分原则是：以标底±5%(标底)值为合理报价，超出此范围则认为是不合理报价。计分是以标底标价为100分，报价每偏差-1%扣10分，偏差+1%扣15分。
(4)"工期"项的评分原则是：以额定工期为准，提前15%为满分100分，依次每延后5%扣10分，超过额定工期者被淘汰。
(5)"企业信誉"项的评分原则是：以企业近3年工程优良率为准，优良率100%为满分100分，依次类推。
(6)"施工经验"项的评分原则是：按企业近3年承建类似工程与全部承建工程项目的百分比计，100%为满分100分。
(7)"施工组织设计"由专家评分决定。

经审查，4家投标的施工企业的上述5项指标汇总如表4-11所示。

表 4-11　4家投标单位的主要指标

| 投标单位 | 报价(万元) | 工期(月) | 近3年工程优良率(%) | 近3年承办建类似工程(%) | 施工组织设计的专家打分 |
|---|---|---|---|---|---|
| A | 3960 | 36 | 50 | 30 | 95 |
| B | 4040 | 37 | 40 | 30 | 87 |
| C | 3920 | 34 | 55 | 40 | 93 |
| D | 4080 | 38 | 40 | 50 | 85 |

问题：
(1)根据上述评分原则和各投标单位情况，对各投标单位的各项评价项目推算出各项指标

的得分。

(2)按综合评分法确定各投标单位的综合分数值。

(3)优选出综合条件最好的投标单位作为中标单位。

### (三)任务知识点

某工程采用公开招标方式,有 A、B、C、D、E、F 等 6 家承包商参加投标,经资格预审该 6 家承包商均满足业主要求。该工程采用两阶段评标法评标,评标委员会由 7 名委员组成,评标的具体规定如下:

(1)第一阶段评技术标。

技术标共计 40 分,其中施工方案 15 分,总工期 8 分,工程质量 6 分,项目班子 6 分,企业信誉 5 分。

技术标各项内容的得分,为各评委评分去除一个最高分和一个最低分后的算术平均数。

技术标合计得分不满 28 分的,不再评其商务标。

表 4-12 为各评委对 6 家承包商施工方案评分汇总表。

表 4-12  施工方案评分汇总表

| 投标单位 \ 评委 | 评委一 | 评委二 | 评委三 | 评委四 | 评委五 | 评委六 | 评委七 | 得分 |
|---|---|---|---|---|---|---|---|---|
| A | 13.0 | 11.5 | 12.0 | 11.0 | 11.0 | 12.5 | 12.5 | 11.9 |
| B | 14.5 | 13.5 | 14.5 | 13.0 | 13.5 | 14.5 | 14.5 | 14.1 |
| C | 12.0 | 10.0 | 11.5 | 11.0 | 10.5 | 11.5 | 11.5 | 11.2 |
| D | 14.0 | 13.5 | 13.5 | 13.0 | 13.5 | 14.0 | 14.5 | 13.7 |
| E | 12.5 | 11.5 | 12.0 | 11.0 | 11.5 | 12.5 | 12.5 | 12.0 |
| F | 10.5 | 10.5 | 10.5 | 10.5 | 9.5 | 11.0 | 10.5 | 10.5 |

表 4-13 为各承包商施工方案、总工期、工程质量、项目班子、企业信誉得分汇总表。

表 4-13  施工方案、总工期、工程质量、项目班子、企业信誉得分汇总表

| 投标单位 | 施工方案 | 总工期 | 工程质量 | 项目班子 | 企业信誉 | 技术标总分 |
|---|---|---|---|---|---|---|
| A | 11.9 | 6.5 | 5.5 | 4.5 | 4.5 | 32.9 |
| B | 14.1 | 6.0 | 5.0 | 5.0 | 4.5 | 34.6 |
| C | 11.2 | 5.0 | 4.5 | 3.5 | 3.0 | 27.2 |
| D | 13.7 | 7.0 | 5.5 | 5.0 | 4.5 | 35.7 |
| E | 12.0 | 7.5 | 5.0 | 4.0 | 4.0 | 32.5 |
| F | 10.5 | 8.0 | 4.5 | 4.0 | 3.5 | 30.5 |

(2)第二阶段评商务标。

商务标共计 60 分。以标底的 50%与承包商报价算术平均数的 50%之和为基准价,但最高(或最低)报价高于(或低于)次高(或次低)报价的 15%者,在计算承包商报价算术平均数时

不予考虑,且商务标得分为15分。

以基准价为满分(60分),报价比基准价每下降1%,扣1分,最多扣10分;报价比基准价每增加1%,扣2分,扣分不保底。

表4-14为标底和各承包商报价汇总表。

表4-14 标底和各承包商报价汇总表(单位:万元)

| 投标单位 | A | B | C | D | E | F | 标底 |
|---|---|---|---|---|---|---|---|
| 报价 | 13656 | 11108 | 14303 | 13098 | 13241 | 14125 | 13790 |

计算结果保留两位小数。

问题:

(1)请按综合得分取高者中标的原则确定中标单位。

(2)若该工程未编制标底,以各承包商报价的算术平均数作为基准价,其余评标规定不变,试按原定标原则确定中标单位。

分析要点:

本案例也是考核评标方法的运用。本案例旨在强调两阶段评标法所需注意的问题和报价合理性的要求。虽然评标大多采用定量方法,但是,实际仍然在相当程序上受主观因素的影响,这在评定技术标时显得尤为突出,因此需要在评标时尽可能减少这种影响。例如,本案例中将评委对技术标的评分去除最高分和最低分后再取算术平均数,其目的就在于此。商务标的评分似乎较为客观,但受评标具体规定的影响仍然很大。本案例通过问题2结果与问题1结果的比较,说明评标的具体规定不同,商务标的评分结果可能不同,甚至可能改变评标的最终结果。

针对本案例的评标规定,题中特意给出最低报价低于次低报价15%和技术标得分不满28分的情况,而实践中这两种情况是较少出现的。

解:

(1)问题1。

①计算各投标单位施工方案的得分,见施工方案评分汇总表。

②计算各投标单位技术标的得分,见施工方案、总工期、工程质量、项目班子、企业信誉得分汇总表。

由于承包商C的技术标仅得27.2,小于28分的最低限,按规定,不再评其商务标,实际上已作为废标处理。

③计算各承包商的商务标得分,见表4-15。

$(13098-11108)/13098=15.19\%>15\%$

$(14125-13656)/13656=3.43\%<15\%$

所以,承包商B的报价(11108万元)在计算基准价时不予考虑。则:

基准价$=13790\times50\%+(13656+13098+13241+14125)\div4\times50\%=13660$(万元)

表 4-15 商务标得分计算表

| 投标单位 | 报价（万元） | 报价与基准价的比例（%） | 扣分 | 得分 |
|---|---|---|---|---|
| A | 13656 | 13656/13660×100=99.97 | (100-99.97)×1=0.03 | 59.97 |
| B | 11108 | | | 15.0 |
| D | 13098 | 13098/13660×100=95.89 | (100-95.89)×1=4.11 | 55.89 |
| E | 13241 | 13241/13660×100=96.93 | (10-96.93)×1=3.07 | 56.93 |
| F | 14125 | 14125/13660×100=103.40 | (103.40-100)×2=6.80 | 53.20 |

④计算各承包商的综合得分，见表 4-16。

表 4-16 综合得分计算表

| 投标单位 | 技术标得分 | 商务标得分 | 综合得分 |
|---|---|---|---|
| A | 32.9 | 59.97 | 92.87 |
| B | 34.6 | 15.0 | 49.60 |
| D | 35.7 | 55.89 | 91.59 |
| E | 32.5 | 56.93 | 89.43 |
| F | 30.5 | 53.20 | 83.70 |

因为承包商 A 的综合得分最高，故应选择其为中标单位。

(2)问题 2。

①计算各承包商的商务标得分，见表 4-17。

基准价=(13656+13098+13241+14125)÷4=13530(万元)

表 4-17 商务标得分计算表

| 投标单位 | 报价（万元） | 报价与基准价的比例（%） | 扣分 | 得分 |
|---|---|---|---|---|
| A | 13656 | 13656/13530×100=100.93 | (100.93-100)×2=1.86 | 58.14 |
| B | 11108 | | | 15.0 |
| D | 13098 | 13098/13530×100=96.81 | (100-96.81)×1=3.19 | 56.81 |
| E | 13241 | 13241/13530×100=97.86 | (100-97.86)×1=2.14 | 57.86 |
| F | 14125 | 14125/13530×100=104.40 | (104.40-100)×2=8.80 | 51.20 |

②计算各承包商的综合得分，见表 4-18。

表 4-18 综合得分计算表

| 投标单位 | 技术标得分 | 商务标得分 | 综合得分 |
|---|---|---|---|
| A | 32.9 | 58.14 | 91.40 |
| B | 34.6 | 15.0 | 49.60 |
| D | 35.7 | 56.81 | 92.51 |
| E | 32.5 | 57.86 | 90.36 |
| F | 30.5 | 51.20 | 81.70 |

因为承包商 D 的综合得分最高，故应选择其为中标单位。

## 四、任务评价

**1. 填写任务评价表**

完成以上任务,填写任务评价表,见表4-19。

表4-19 任务评价表

| 任务评价表 | | | | | | | |
|---|---|---|---|---|---|---|---|
| 考核项目 | 分数 | | | 学生自评 | 小组互评 | 教师评价 | 小计 |
| | 差 | 中 | 好 | | | | |
| 数据计算是否准确 | 8 | 10 | 13 | | | | |
| 处理意见是否得当、合理 | 8 | 10 | 13 | | | | |
| 工作过程安排是否合理、规范 | 8 | 16 | 26 | | | | |
| 陈述是否完整、清晰 | 7 | 10 | 12 | | | | |
| 是否正确灵活运用已学知识 | 7 | 10 | 12 | | | | |
| 是否积极参与活动 | 7 | 10 | 12 | | | | |
| 是否具备团队合作精神 | 7 | 10 | 12 | | | | |
| 总计 | 52 | 76 | 100 | | | | |
| 教师签字: | | | | 年 月 日 | | 得分 | |

**2. 自我评价**

(1) 完成此次任务过程中存在哪些问题?

(2) 产生问题的原因是什么?

(3) 请提出相应的解决问题的方法。

(4) 你认为还需要加强哪些方面的指导(实际工作过程及理论知识)?

## 五、拓展思考问题

了解还有哪些评标方法?

## 任务 4.4 招投标文件的填制

### 一、任务描述

招投标文件是招投标活动过程中的重要文件,作为一名合格的物资管理人员,对招投标文件的主要内容一定要做到耳熟能详。

### 二、学习目标

1. 掌握招投标文件的主要内容、格式、组成;
2. 其他相关文件(中标通知书、答疑书、开标记录表、问题澄清通知书等)的熟识。

### 三、任务实施

#### (一)任务引入、学习准备

**引导问题**

(1)招投标文件的主要内容分别是什么?
_____
_____

(2)填制招投标文件时,有哪些注意事项?
_____
_____

#### (二)实施任务

**1. 招标邀请文件填写训练**

(招标机构)_____ 受 _____ 委托,对项目所需的货物及服务进行国内竞争性招标。兹邀请合格投标人前来投标。

(1)招标文件编号:_____
(2)招标货物名称:_____
(3)主要技术规格:_____
(4)交 货 时 间:_____
(5)交 货 地 点:_____
(6)招标文件从____年____月____日起每天(公休日除外)工作时间在下列地址出售,招标文件每套人民币_____元(邮购另加_____元人民币),售后不退。
(7)投标书应附有_____元的投标保证金,可用现金或按下列开户行、账号办理支票、银行自带汇票。投标保证金请于_____年____月____日____时(北京时间)前递交到。
开户名称:(招标机构)_____

账　　　号：＿＿＿＿＿＿＿＿＿＿＿＿＿＿＿＿＿＿＿＿

开户银行：＿＿＿＿＿＿＿＿＿＿＿＿＿＿＿＿＿＿＿

(8)投标截止时间：＿＿年＿＿月＿＿日＿＿时＿＿分(北京时间)，逾期不予受理。

(9)投递标书地点：＿＿＿＿＿＿＿＿＿＿＿＿＿＿＿＿

(10)开标时间和地点：＿＿＿＿＿＿＿＿＿＿＿＿＿＿＿＿＿＿＿

(11)通信地址：＿＿＿＿＿＿＿＿＿＿＿＿＿＿＿＿＿＿＿

邮政编码：＿＿＿＿＿＿＿＿

电报挂号：＿＿＿＿＿＿＿＿

电　　话：＿＿＿＿＿＿＿＿　　传　真：＿＿＿＿＿＿＿＿＿

联 系 人：＿＿＿＿＿＿＿＿

E-mail：＿＿＿＿＿＿＿＿＿＿

(招标机构)：＿＿＿＿＿＿＿＿＿＿＿＿＿＿＿＿＿＿＿

年　　月　　日

**2.投标书文件填写训练**

(1)投标书封面格式。

投 标 书

标　　号＿＿＿＿＿＿＿＿＿＿＿＿＿

投标单位＿＿＿＿＿＿＿＿＿＿＿＿＿

投标单位全权代表＿＿＿＿＿＿＿＿＿＿

投标单位：　　　　　　(公章)

年　　月　　日

(2)投标书格式。

投 标 书

致：＿＿＿＿＿＿＿＿＿＿＿＿＿

根据贵方为＿＿＿＿＿＿＿＿＿＿＿＿项目招标采购货物及服务的投标邀请＿＿＿＿＿＿＿＿＿＿＿(招标编号)，签字代表＿＿＿＿＿＿＿＿＿＿＿＿(全名、职务)经正式授权并代表投标人＿＿＿＿＿＿＿＿＿＿＿＿＿(投标方名称、地址)提交下述文件正本一份和副本一式＿＿＿＿＿＿份。

(1)开标一览表。

(2)投标价格表。

(3)货物简要说明一览表。

(4)货物符合招标文件规定的技术响应文件。

(5)资格证明文件。

(6)投标保证金，金额为人民币＿＿＿＿＿＿＿＿＿＿＿元。

据此函，签字代表宣布同意如下：

(1)所附投标报价表中规定的应提供和交付的货物投标总价为人民币＿＿＿＿＿＿＿＿＿＿＿元。

(2)投标人将按招标文件的规定履行合同责任和义务。

(3)投标人已详细审查全部招标文件，包括修改文件(如需要修改)以及全部参考资料和有关附件。我们完全理解并同意放弃对这方面有不明及误解的权利。

(4)其投标自开标日期有效期为_____个日历日。

(5)如果在规定的开标日期后,投标人在投标有效期内撤回投标,其投标保证金将被贵方没收。

(6)投标人同意提供按照贵方可能要求的与其投标有关的一切数据或资料,完全理解不一定要接受最低价格的投标。

(7)与本投标有关的一切正式往来通讯请寄:
地址:_____
邮编:_____
电话:_____
传真:_____
投标人代表姓名、职务:_____
投标人名称(公章):_____
日期:____年____月____日
全权代表签字:_____

### (三)任务知识点

**1.招投标文件的主要内容**

(1)招标文件的组成。
①招标公告(或投标邀请书);
②投标人须知;
③评标办法;
④合同条款及格式;
⑤工程量清单;
⑥图纸;
⑦技术标准和要求;
⑧投标文件格式;
⑨投标人须知前附表规定的其他材料。

(2)招标文件的澄清。

①投标人应仔细阅读和检查招标文件的全部内容。如发现缺页或附件不全,应及时向招标人提出,以便补齐。如有疑问,应在投标人须知前附表规定的时间前以书面形式(包括信函、电报、传真等可以有形地表现所载内容的形式,下同),要求招标人对招标文件予以澄清。

②招标文件的澄清将在投标人须知前附表规定的投标截止时间15天前以书面形式发给所有购买招标文件的投标人,但不指明澄清问题的来源。如果澄清发出的时间距投标截止时间不足15天,相应延长投标截止时间。

③投标人在收到澄清后,应在投标人须知前附表规定的时间内以书面形式通知招标人,确认已收到该澄清。

(3)招标文件的修改。

①在投标截止时间15天前,招标人可以书面形式修改招标文件,并通知所有已购买招标文件的投标人。如果修改招标文件的时间距投标截止时间不足15天,相应延长投标截止

时间。

②投标人收到修改内容后,应在投标人须知前附表规定的时间内以书面形式通知招标人,确认已收到该修改。

**2. 投标文件**

(1)投标文件的组成。

①投标函及投标函附录;

②法定代表人身份证明或附有法定代表人身份证明的授权委托书;

③联合体协议书;

④投标保证金;

⑤已标价工程量清单;

⑥施工组织设计;

⑦项目管理机构;

⑧拟分包项目情况表;

⑨资格审查资料;

⑩投标人须知前附表规定的其他材料。

(2)投标报价。

①投标人应按"工程量清单"的要求填写相应表格。

②投标人在投标截止时间前修改投标函中的投标总报价,应同时修改"工程量清单"中的相应报价。此修改须符合相关要求。

(3)投标有效期。

①在投标人须知前附表规定的投标有效期内,投标人不得要求撤销或修改其投标文件。

②出现特殊情况需要延长投标有效期的,招标人以书面形式通知所有投标人延长投标有效期。投标人同意延长的,应相应延长其投标保证金的有效期,但不得要求或被允许修改或撤销其投标文件;投标人拒绝延长的,其投标失效,但投标人有权收回其投标保证金。

(4)投标保证金。

①投标人在递交投标文件的同时,应按投标人须知前附表规定的金额、担保形式和"投标文件格式"中规定的投标保证金格式递交投标保证金,并作为其投标文件的组成部分。联合体投标的,其投标保证金由牵头人递交,并应符合投标人须知前附表的规定。

②投标人不按要求提交投标保证金的,其投标文件作废标处理。

③招标人与中标人签订合同后 5 个工作日内,向未中标的投标人和中标人退还投标保证金。

④有下列情形之一的,投标保证金将不予退还:

A. 投标人在规定的投标有效期内撤销或修改其投标文件;

B. 中标人在收到中标通知书后,无正当理由拒签合同协议书或未按招标文件规定提交履约担保。

(5)资格审查资料(适用于已进行资格预审的)。

投标人在编制投标文件时,应按新情况更新或补充其在申请资格预审时提供的资料,以证实其各项资格条件仍能继续满足资格预审文件的要求,具备承担本标段施工的资质条件、能力和信誉。

①"投标人基本情况表"应附投标人营业执照副本及其年检合格的证明材料、资质证书副本和安全生产许可证等材料的复印件。

②"近年财务状况表"应附经会计师事务所或审计机构审计的财务会计报表,包括资产负债表、现金流量表、利润表和财务情况说明书的复印件,具体年份要求见投标人须知前附表。

③"近年完成的类似项目情况表"应附中标通知书和(或)合同协议书、工程接收证书(工程竣工验收证书)的复印件,具体年份要求见投标人须知前附表。每张表格只填写一个项目,并标明序号。

④"正在施工和新承接的项目情况表"应附中标通知书和(或)合同协议书复印件。每张表格只填写一个项目,并标明序号。

⑤"近年发生的诉讼及仲裁情况"应说明相关情况,并附法院或仲裁机构作出的判决、裁决等有关法律文书复印件,具体年份要求见投标人须知前附表。

⑥投标人须知前附表规定接受联合体投标的,相关表格和资料应包括联合体各方相关情况。

(6)备选投标方案。

除投标人须知前附表另有规定外,投标人不得递交备选投标方案。允许投标人递交备选投标方案的,只考虑中标人递交的备选投标方案。评标委员会认为中标人的备选方案优于其按照招标文件要求编制的投标方案的,招标人可以接受该备选投标方案。

(7)投标文件的编制

①投标文件应按"投标文件格式"进行编写,并在文件中填写目录与页码,如有必要,可以增加附页,作为投标文件的组成部分。其中,投标函附录在满足招标文件实质性要求的基础上,可以提出比招标文件要求更有利于招标人的承诺。

②投标文件应当对招标文件有关工期、投标有效期、质量要求、技术标准和要求、招标范围等实质性内容作出响应。

③投标文件应用不褪色的材料书写或打印,并由投标人的法定代表人或其委托代理人签字或盖单位章。委托代理人签字的,投标文件应附法定代表人签署的授权委托书。投标文件应尽量避免涂改、行间插字或删除。如果出现上述情况,改动之处应加盖单位章或由投标人的法定代表人或其授权的代理人签字确认。签字或盖章的具体要求见投标人须知前附表。

④投标文件正本一份,副本份数见投标人须知前附表。正本和副本的封面上应清楚地标记"正本"或"副本"的字样。当副本和正本不一致时,以正本为准。

⑤投标文件的正本与副本应分别装订成册,并编制目录,具体装订要求见投标人须知前附表规定。

阅读材料

### 材料1 资格预审招标公告

招标项目编号:

**一、招标条件**

本招标项目 （项目名称） 已由 （项目审批、核准或备案机关名称） 以 （批文名称及编号） 批准建设,项目业主为_____,建设资金来自 （资金来源） ,项目出资比例为_____,招标人为_____。项目已具备招标条件,现进行公开招标,特邀请有兴趣的潜在投标人(以下简称申请人)提出资格预审申请。

## 二、项目概况与招标范围

2.1（说明本次招标项目的招标内容、规模、结构类型、招标范围、标段划分及资金来源和落实情况等）。

2.2 工程建设地点为 ___（工程建设地点）___ 。

2.3 计划开工日期为(开工年) 年(开工月) 月(开工日) 日，计划竣工日期为(竣工年) 年(竣工月) 月(竣工日) 日，工期(工期) 日历天。

2.4 工程质量要求符合 ___（工程质量标准）___ 标准。

## 三、申请人资格要求

3.1 投标申请人须是具备建设行政主管部门核发的 ___（行业类别）、（资质类别）、（资质等级）___ 及以上资质，以及安全生产许可证(副本)原件及复印件的法人或其他组织，_____ 业绩，并在人员、设备、资金等方面具有相应的施工能力。

3.2 投标单位拟派出的项目经理或注册建造师须具备建设行政主管部门核发的(行业类别)、(资质类别)、(资质等级)及以上资质。

3.3 拟派出的项目管理人员，应无在建工程，否则按废标处理；投标单位的项目经理或注册建造师中标后需到本项目招投标监督主管部门办理备案手续。

3.4 本次招标(接受或不接受) 联合体投标。联合体投标的，应满足下列要求：_____。

3.5 各投标人均可就上述标段中的 ___（具体数量）___ 个标段投标。

3.6 外省施工企业还需到分公司工商注册所在地的市(州)、县(市)建设行政主管部门办理相关入境备案手续后方可参加投标。

3.7 拒绝列入政府不良行为记录期间的企业或个人投标。

## 四、资格预审方法

本次资格预审采用_____（合格制/限数量制）。

## 五、资格预审文件的获取

5.1 请申请人于____年__月__日至____年__月__日(法定公休日、法定节假日除外)，每日上午__时至__时，下午__时至__时(北京时间，下同)，在 ___（详细地址）___ 持单位介绍信购买资格预审文件。

5.2 资格预审文件每套售价____元，售后不退。

5.3 邮购资格预审文件的，需另加手续费(含邮费)____元。招标人在收到单位介绍信和邮购款(含手续费)后____日内寄送。

## 六、资格预审申请文件的递交

6.1 递交资格预审申请文件截止时间(申请截止时间，下同)为____年__月__日__时__分，地点为_____。

6.2 逾期送达或者未送达指定地点的资格预审申请文件，招标人不予受理。

6.3 有效递交资格预审投标人不足法定人数时，招标人另行组织招标。

## 七、发布公告的媒介

本次资格预审公告同时在(发布公告的媒介名称)上发布。

## 八、联系方式

招标人：_____

地址：_____ 邮编：_____

联系人：_____

电话：_____ 传真：_____

招标代理机构：_____

地址：_____ 邮编：_____

联系人：_____

电话：_____ 传真：_____

____年____月__日

### 材料2　投标邀请书（适用于邀请招标）

招标项目编号：

_____（被邀请单位名称）：

#### 一、招标条件

本招标项目　　（项目名称）　　已由　　（项目审批、核准或备案机关名称）　　以　（批文名称及编号）　批准建设,项目业主为_____,建设资金来自　（资金来源）　,项目出资比例为_____,招标人为_____。项目已具备招标条件,现邀请你单位参加_____（项目名称）_____标段施工投标。

#### 二、项目概况与招标范围

2.1（说明本次招标项目的招标内容、规模、结构类型、招标范围、标段划分及资金来源和落实情况等）。

2.2 工程建设地点为　（工程建设地点）　。

2.3 计划开工日期为(开工年)年(开工月)月(开工日)日,计划竣工日期为(竣工年)年(竣工月)月(竣工日)日,工期(工期)日历天。

2.4 工程质量要求符合　(工程质量标准)　标准。

#### 三、投标人资格要求

3.1 投标单位须是具备建设行政主管部门核发的　(行业类别)、(资质类别)、(资质等级)　及以上资质,以及安全生产许可证(副本)原件及复印件的法人或其他组织,_____业绩,并在人员、设备、资金等方面具有相应的施工能力。

3.2 投标单位拟派出的项目经理或注册建造师须具备建设行政主管部门核发的(行业类别)、(资质类别)、(资质等级)及以上资质。

3.3 拟派出的项目管理人员,应无在建工程,否则按废标处理;投标单位的项目经理或注册建造师中标后需到本项目招投标监督主管部门办理备案手续。

3.4 本次招标　(接受或不接受)　联合体投标。联合体投标的,应满足下列要求：_____。

3.5 各投标人均可就上述标段中的　(具体数量)　个标段投标。

3.6 外省施工企业还需到分公司工商注册所在地的市(州)、县(市)建设行政主管部门办理相关入境备案手续后方可参加投标。

3.7 拒绝列入政府不良行为记录期间的企业或个人投标。

**四.招标文件的获取**

4.1 请于＿＿＿年＿＿月＿＿日至＿＿＿年＿＿月＿＿日（法定公休日、法定节假日除外），每日上午＿＿＿时至＿＿时，下午＿＿时至＿＿时（北京时间，下同），在（详细地址）＿＿＿持投标邀请书购买招标文件。

4.2 招标文件每套售价＿＿＿元，售后不退。图纸押金＿＿＿＿元，在退还图纸时退还（不计利息）。

4.3 邮购招标文件的，需另加手续费（含邮费）＿＿＿＿元。招标人在收到单位介绍信、投标邀请书和邮购款（含手续费）后＿＿＿＿日内寄送。

**五、投标文件的递交**

5.1 投标文件递交的截止时间（投标截止时间，下同）为＿＿年＿＿月＿＿日＿＿时＿＿分，地点为＿＿＿＿＿＿＿＿。

5.2 逾期送达的或者未送达指定地点的投标文件，招标人不予受理。

5.3 投标单位在提交投标文件时，应按照有关规定提供不少于人民币＿＿＿元的投标保证金或投标保函。

5.4 有效投标人不足法定人数时，招标人另行组织招标。

5.5 当投标人的有效投标报价超出招标人设定的标价时，该投标报价视为无效报价。

**六、确认**

你单位收到本投标邀请书后，请于＿＿（具体时间）＿＿前以传真或快递方式予以确认。

**七、联系方式**

招标人：＿＿＿＿＿＿＿＿＿＿＿＿＿＿

地址：＿＿＿＿＿＿＿＿＿＿＿ 邮编：＿＿＿＿＿＿＿＿＿＿＿

联系人：＿＿＿＿＿＿＿＿＿＿＿

电话：＿＿＿＿＿＿＿＿＿＿＿ 传真：＿＿＿＿＿＿＿＿＿＿＿

招标代理机构：＿＿＿＿＿＿＿＿＿＿＿

地址：＿＿＿＿＿＿＿＿＿＿＿ 邮编：＿＿＿＿＿＿＿＿＿＿＿

联系人：＿＿＿＿＿＿＿＿＿＿＿

电话：＿＿＿＿＿＿＿＿＿＿＿ 传真：＿＿＿＿＿＿＿＿＿＿＿

＿＿年＿＿月＿＿日

## 材料3：开标记录表

_____（项目名称）_____标段施工开标记录表

开标时间：____年____月____日____时____分

| 序号 | 投标人名称 | 企业施工资质等级 | 投标报价（万元） | 投标保证金（有/无） | 开工日期（年月日） | 竣工日期（年月日） | 备注 |
|---|---|---|---|---|---|---|---|
|  |  |  |  |  |  |  |  |
|  |  |  |  |  |  |  |  |
|  |  |  |  |  |  |  |  |
|  |  |  |  |  |  |  |  |
|  |  |  |  |  |  |  |  |
|  |  |  |  |  |  |  |  |
|  |  |  |  |  |  |  |  |
|  |  |  |  |  |  |  |  |

注：1.填报的内容必须和投标文件及投标函中的内容一致。

2.本表为开标时唱标用，应单独用小信封密封、送达。

投标人：（盖章）

法定代表人或其委托代理人：（签字或盖章）

日　期：____年____月____日

## 材料4　问题澄清通知

编号：

_____（投标人名称）：

_____（项目名称）_____施工招标的评标委员会，对你方的投标文件进行了仔细的审查，现需你方对下列问题以书面形式予以澄清：

1.

2.

……

请将上述问题的澄清于_____年____月____日____时前递交至_____（详细地址）或传真至_____（传真号码）。采用传真方式的，应在_____年____月____日____时前将原件递交至_____（详细地址）。

评标工作组负责人：_____（签字）

____年____月____日

### 材料 5　问题的澄清

编号：

_____(项目名称)_____施工招标的评标委员会：

问题澄清通知(编号：_____)已收悉，现澄清如下：
1.
2.
⋮

投标人：_____（盖单位章）
法定代表人或其委托代理人：_____（签字）
_____年____月____日

### 材料 6　中标通知书

| 招标项目编号 | | | | |
|---|---|---|---|---|
| 中标单位名称 | | | | |
| 中标工程名称 | | | | |
| 中标工程地点 | | 建设单位 | | |
| 开标日期 | | 招标方式 | 公开招标　邀请招标 | |
| 结构类型 | | 建筑面积 | | |
| 项目经理 | | 资质等级 | | |
| 中标价格 | （¥万元） | | | |
| 中标工期（日历日） | | | | |
| 质量等级 | | | | |
| 中标工程范围 | | | | |
| 请中标单位收到中标通知书后，在____年____月____日____时前，与招标人签订合同草案，报招投标管理机构备案。 | | | | |
| 招标人（章）<br><br>法人代表（章）<br><br>年　月　日 | | 招标代理机构（章）<br><br>法人代表（章）<br><br>年　月　日 | | 招投标管理机构（章）<br><br>负责人（章）<br><br>年　月　日 |

注：此中标通知书一式五份，招标人、招标代理机构、中标单位、招投标管理处、有关部门各执一份备案。

## 材料7 中标结果通知书

_____（未中标人名称）：

我方已接受_____（中标人名称）于_____（投标日期）所递交的_____（项目名称）_____标段施工投标文件,确定_____（中标人名称）为中标人。

感谢你单位对我们工作的大力支持！

招标人：_____（盖单位章）

法定代表人或其委托代理人：_____（签字）

____年____月____日

## 材料8 确认通知

_____（招标人名称）：

我方已接到你方____年____月____日发出的_____（项目名称）_____标段施工招标关于_____的通知,我方已于____年____月____日收到。

特此确认。

投标人：_____（盖单位章）

____年____月____日

## 四、任务评价

### 1. 任务评价表

完成以上任务,填写任务评价表,见表4-20。

表4-20 任务评价表

| 考核项目 | 分数 | | | 学生自评 | 小组互评 | 教师评价 | 小计 |
| --- | --- | --- | --- | --- | --- | --- | --- |
| | 差 | 中 | 好 | | | | |
| 填制招投标文件格式是否正确 | 8 | 10 | 13 | | | | |
| 填制招投标文件内容是否规范、合理 | 8 | 10 | 13 | | | | |
| 工作过程安排是否合理、规范 | 8 | 16 | 26 | | | | |
| 陈述是否完整、清晰 | 7 | 10 | 12 | | | | |
| 是否正确灵活运用已学知识 | 7 | 10 | 12 | | | | |
| 是否积极参与活动 | 7 | 10 | 12 | | | | |

续表 4-20

| 考核项目 | 分数 | | | 学生自评 | 小组互评 | 教师评价 | 小计 |
|---|---|---|---|---|---|---|---|
| | 差 | 中 | 好 | | | | |
| 是否具备团队合作精神 | 7 | 10 | 12 | | | | |
| 总计 | 52 | 76 | 100 | | | | |
| 教师签字： | | | | 年　月　日 | | 得分 | |

任务评价表

2. **自我评价**

(1) 完成此次任务过程中存在哪些问题？

_____

(2) 产生问题的原因是什么？

_____

(3) 请提出相应的解决问题的方法。

_____

(4) 你认为还需要加强哪些方面的指导（实际工作过程及理论知识）？

_____

## 五、拓展思考问题

(1) 实质性响应招标文件的要求是什么意思？
(2) 什么是"围标"和"串标"？

# 学习情境 5

# 采购谈判模拟

## 任务 5.1　采购谈判准备与规划

### 一、任务描述

谈判是我们日常工作中必不可少的,也是采购人员必须要学会的,尤其在信息化与效率化的今天,谈判只会显得越来越重要。谈判不仅是一个人沟通能力的体现,更重要的是它能消除不合,达到共赢。

### 二、学习目标

1. 掌握采购谈判的概念、要素;
2. 掌握采购谈判准备工作的主要内容;
3. 掌握采购谈判的影响因素、原则以及特点。

### 三、任务实施

#### (一)任务引入、学习准备

**引导问题**

(1)什么是采购谈判?采购谈判过程中有哪些要素?
_____
_____

(2)如何精心准备一次采购谈判?
_____
_____

(3)采购谈判方案如何编制?有哪些主要内容和注意事项?
_____
_____

#### (二)实施任务

深圳中铁二局承担西安地铁 1 号线第 8 标段的施工任务,为完成某月主体围护工程需

要 ⌀28mm 螺纹钢 150t 及其他材料若干,现就钢材购买事宜与西安某钢材有限责任公司达成初步合作意向。

学生 4~6 人为 1 个小组,奇数组充当买方,编制钢材采购谈判方案。偶数组充当卖方,编制钢材预售谈判方案。

### (三)任务知识点

#### 1. 谈判的定义

在人们的生活以及工作过程中,每个人都不可避免地要遇到谈判。当你到商店购买东西的时候,当你在某家公司寻找工作的时候,或者当你收到委托公司购买原材料的时候,谈判可能如期而至。那么,什么是谈判呢?谈判是主体间就客体达成一致意见而进行沟通的过程。它包括主体、客体、沟通、过程四个要素。

(1)主体:参与谈判的各方。
(2)客体:谈判的标的。
(3)沟通:达成一致意见的方法。
(4)过程:前期准备、谈判、结论。

#### 2. 采购谈判前的准备工作

谈判桌上风云变幻,谈判者要在复杂的局势中左右谈判的发展,则必须作好充分的准备。只有作好了充分准备,才能在谈判中随机应变,灵活处理,从而避免谈判中利益冲突的激化。

由于商务谈判涉及面广,因而要准备的工作也很多,一般包括谈判者自身的分析和谈判对手的分析、谈判班子的组成、精心拟定谈判目标与策略,必要时还要进行事先模拟谈判等。

(1)知己知彼,不打无准备之战。

在谈判准备过程中,谈判者要在对自身情况作全面分析的同时,设法全面了解谈判对手的情况。自身分析主要是指进行项目的可行性研究。对对手情况的了解主要包括对手的实力(如资信情况),对手所在国(地区)的政策、法规、商务习俗、风土人情以及谈判对手的谈判人员状况等。目前中外合资项目中出现了许多合作误区与投资漏洞,乃至少数外商的欺诈行为,很大程度上是中方人员对谈判对手了解不够所导致的。

(2)选择高素质的谈判人员。

商务谈判在某种程度上是双方谈判人员的实力较量。谈判的成效如何,往往取决于谈判人员的知识方面和心理方面的素质。由于国际商务谈判所涉及的因素广泛而又复杂,因此,通晓相关知识十分重要。通常除了贸易、金融、市场营销、商法这些必备的专业知识外,谈判者还应涉猎心理学、经济学、管理学、财务知识、外语、有关国家及地区的商务习俗与风土人情以及与谈判项目相关的工程技术等方面的知识,较为全面的知识结构有助于构筑谈判者的自信与成功的背景。

此外,作为一个商务谈判者,还应具备一种充满自信心、具有果断力、富于冒险精神的心理状态,只有这样才能在困难面前不低头,风险面前不回头,才能正视挫折与失败,拥抱成功与胜利。

因为商务谈判又常常是一场群体间的交锋,单凭谈判者个人的丰富知识和熟练技能,并不一定就能达到圆满的结局,所以要选择合适的人选组成谈判班子与对手谈判。谈判班子成员各自的知识结构要具有互补性,从而在解决各种专业问题时能驾轻就熟,并有助于提高谈判效率,在一定程度上减轻主谈人员的压力。

(3)拟订谈判目标,明确谈判最终目的。

准备工作的一个重要部分就是设定你让步的限度。商务谈判中经常遇到的问题就是价格问题,这一般也是谈判利益冲突的焦点问题。如果你是一个出口商,你要确定最低价,如果你是一个进口商,你要确定最高价。在谈判前,双方都要确定一个底线,超越这个底线,谈判将无法进行。这个底线的确定必须有一定的合理性和科学性,要建立在调查研究和实际情况的基础之上,如果出口商把目标确定得过高或进口商把价格确定得过低,都会使谈判中出现激烈冲突,最终导致谈判失败。

作为一个商人,你的开价应在你能接受的最低价和你认为对方能接受的最高价之间,重要的是你开的价要符合实际,是可信的,合情合理的,促使对方作出响应。一个十分有利于自己的开价不一定是最合适的,它可能向对方传递了消极的信息,使他对你难以信任,而采取更具进攻性的策略。

当你确定开价时,应该考虑对方的文化背景、市场条件和商业管理。在某些情况下,可以在开价后迅速做些让步,但很多时候这种作风会显得对建立良好的商业关系不够认真。所以开价必须慎重,而且留有一个足够的选择余地。

(4)制定谈判策略。

每一次谈判都有其特点,要求有特定的策略和相应战术。在某些情况下,首先让步的谈判者可能被认为处于软弱地位,致使对方施加压力以得到更多的让步;然而另一种环境下,同样的举动可能被看做是一种要求回报的合作信号。在贸易中,采取合作的策略,可以使双方在交易中建立融洽的商业关系,使谈判成功,各方都能受益。但一个纯粹的合作关系也是不切实际的。当对方寻求最大利益时,会采取某些竞争策略。因此,在谈判中采取合作与竞争相结合的策略会促使谈判顺利结束。这就要求我们在谈判前制订多种策略方案,以便随机应变。

谈判者需要事先计划好,如果必要时可以做出哪些让步。核算成本,并确定怎样让步和何时让步。重要的是在谈判之前要考虑几种可供选择的竞争策略,万一对方认为你的合作愿望是软弱的表示时,或者对方不合情理,咄咄逼人,这时改变谈判的策略,可以取得额外的让步。

**3. 采购谈判的影响因素**

采购谈判是一种"双赢"和"互利"的行为和过程,谈判各方当事人之间的关系不是"敌人"而是"合作的伙伴"、"共事的战友"。但是,"双赢"、"互利"并不意味着双方利益上的平均,而是利益上的平衡。所以,这又使谈判各方必须努力为自己争取较多的利益。于是,形成了谈判双方的竞争和冲突,这种既合作又冲突的特点构成了采购谈判的二重性。二重性决定了采购谈判成功的基础是谈判实力。所谓谈判实力,是指"影响双方在谈判过程中的相互关系、地位和谈判最终结果的各种因素总和以及这些因素对各方的有利程度"。一般来讲,影响谈判实力强弱的因素有以下七个方面:

(1)交易内容对双方的重要性。

(2)各方对交易内容和交易条件的满足程度。

(3)竞争状态。

(4)对于商业行情的了解程度。

(5)企业的信誉与实力。

(6)对谈判时间因素的反应。
(7)谈判的艺术和技巧。

4. 采购谈判的基本原则

(1)合作原则。

美国哲学家 H. P. Grice 于 1967 年在哈佛大学的演讲中提出,为了保证谈判的顺利进行,谈判双方必须共同遵守一些基本原则,特别是所谓的"合作原则"(cooperative principle)。概括而言,合作原则就是要求谈判双方以最精炼的语言表达最充分、真实、相关的信息。合作原则包括四个准则:

①量的准则(quantity maxim)。量的准则要求所说的话包括交谈所需要的信息,所说的话不应包含超出的信息。

②质的准则(quantity maxim)。质的准则要求不要说自知是虚假的话,不要说缺乏足够证据的话。

③关系准则(relevant maxim)。关系准则要求所说的话的内容要关联并切题,不要漫无边际地胡说。

④方式准则(manner maxim)。方式准则要求清楚明白,避免晦涩、歧义,要简练,井井有条。

在现代社会,供需双方在谈判时,总是希望双方话语能相互理解,共同配合,早日完成谈判,达到各自的目的,因此,他们都遵守合作原则,以求实现这个愿望。当然,同样是遵守合作原则的谈判,不同说话人在不同场合会对不同的准则有所侧重。例如,在谈判中,当双方讨论到买卖商品的品质、规格等时,双方都会把"质"准则放在首位,力求所说的话真实、有根据,同时也会顾及其他准则,如"方式"准则强调所说的话清楚、完整,避免引起歧义。

(2)礼貌原则。

人们在谈判过程中,为了实现各自的目的,双方保持良好的关系,一般都会遵循合作的原则。此外,人们还会遵守礼貌原则。

礼貌原则(politeness principle)包括 6 个准则:

①得体准则(tact maxim):是指减少表达有损于他人的观点。

②慷慨准则(generosity maxim):是指减少对他人表达利己的观点。

③赞誉准则(approbation maxim):是指减少表达对他人的贬损,多表达对他人的赞誉。

④谦虚准则(modesty maxim):是指减少对自己的表扬。

⑤一致原则(agreement maxim):是指减少自己与别人在观点上的不一致。

⑥同情准则(sympathy maxim):是指减少自己与他人在感情上的对立。

礼貌原则与合作原则互为补充。谈判中经常会出现这样的现象:一方对另一方的观点并不赞同,但是在表达不同意见之前,往往会先部分或笼统地赞成对方的观点,这里该谈判者遵守礼貌原则的一致原则和赞誉原则,放弃了合作原则中的"质"的准则。在上述的这种情况下,另一方的谈判者就不能只从字面上去理解对方的回答了,他必须透过对方的话语表面意义去设法领会对方话语中的深层意义,寻求对方在什么地方体现着合作原则,进而体会对手言语之外的意思。

在采购谈判中,谈判双方虽然站在各自的立场,处于对立的状态,但他们最终目的都是希望谈判能获得成功,为此,他们都尽量遵守合作原则,以显示自己的诚意,确保谈判的顺利进行。但由于种种原因,如谈判策略的需要、各自的立场不同等,他们又是经常性地违反某些原则。这时,其对手就需揣度其弦外之音、言下之意,以决定自己的应对之策,这不仅是智慧的较量,也是语言运用和理解能力的较量。

(3)采购谈判中具体的原则。

①不轻易给对方讨价还价的余地。

②不打无准备之仗、不打无把握之仗。

③不要轻易放弃。

④不要急于向对手摊牌或展示自己的实力。

⑤要为对手制造竞争气氛。

⑥为自己确定的谈判目标要有机动的幅度并留有可进退的余地。

⑦注意信息的收集、分析和保密。

⑧在谈判中应多听、多问、少说。

⑨要与对方所希望的目标保持接触。

⑩要让对方从开始就习惯于己方的谈判目标。

5. 采购谈判的特点

(1)合作性与冲突性。

由于采购谈判是建立在双方利益既有共同点,又有分歧点这样的基础上,因此,从其特点来说,就是合作性与冲突性并存。

合作性表明双方的利益有共同一面,冲突性表明双方利益又有分歧的一面。作为谈判人员要尽可能地加强双方的合作性,减少双方的冲突性。但是,合作性和冲突性是可以相互转化的,如果合作性的比例加大,冲突性的比例将会减少,那么谈判成功的可能性就大;反之,如果冲突的一面通过洽谈没能够得到解决或减少,那么谈判就有可能失败。采购人员可以在事前将双方意见的共同点和分歧点分别列出,并按照其在谈判中的重要性分别给予不同的权重和分数,根据共同点方面的分数和分歧点方面的分数比较来预测谈判成功的概率,并决定如何消除彼此的分歧。

(2)原则性和可调整性。

原则性是指谈判双方在谈判中最后退让的界限,即谈判的底线。通常谈判双方在弥合分歧方面彼此都会做出一些让步,但是,让步不是无休止的和任意的,而是有原则的,超过了原则性所要求的基本条件,让步就会给企业带来难以承受的损失,因而,谈判双方对重大原则问题通常是不会轻易让步的,退让也是有一定限度的。

可调整性是指谈判双方在坚持彼此基本原则的基础上可以向对方作出一定让步和妥协的方面。作为采购谈判,如果双方在所有的谈判条件上都坚持彼此的立场,不肯做出任何让步,那么谈判是难以成功的。因此,在采购谈判中,原则性和调整形式是同时并存的。作为谈判人员,要从谈判中分析双方的原则性的差距大小,并分析是否可以通过谈判,调整双方这种差距,使谈判成功。在原则性方面的差距越大,谈判的任务越艰巨,因为原则的调整和改变是非常困难的,所以,在原则性方面的差距较大的情况下,谈判人员要有充分的心理准备,既要艰苦努力,采取种种手段来消除或缩小这种差距,也要做好谈判失败的应变措施。

(3)经济利益中心性。

采购谈判是商务谈判的一种类型,在采购谈判中双方主要围绕各自的经济利益作为谈判中心。作为供应商,则希望以较高的价格出售使己方得到较多的利润;而作为采购方,则希望以较低的价格购买而使己方降低成本。因此,谈判的中心是各自的经济利益,而价格在谈判中作为调节和分配经济利益的主要杠杆就成为谈判的焦点。

经济利益中心性是所有商务谈判的共性,它不同于政治谈判、外交谈判等,在这些谈判中,需要考虑许多方面的问题,要在许多利益中进行平衡和做出选择,因而使谈判更为艰难。当然,谈判中经济利益中心性并不是意味着不考虑其他利益,而是说相对于其他利益来说,经济利益是首要的,是起支配作用的。

## 四、任务评价

**1. 填写任务评价表**

完成以上任务,填写任务评价表,见表 5-1。

表 5-1 任务评价表

| 考核项目 | 分数 | | | 学生自评 | 小组互评 | 教师评价 | 小计 |
| --- | --- | --- | --- | --- | --- | --- | --- |
| | 差 | 中 | 好 | | | | |
| 方案内容是否完整 | 8 | 10 | 13 | | | | |
| 方案中时间的安排、方式的选择等是否合理 | 8 | 10 | 13 | | | | |
| 工作过程安排是否合理、规范 | 8 | 16 | 26 | | | | |
| 陈述是否完整、清晰 | 7 | 10 | 12 | | | | |
| 是否正确灵活运用已学知识 | 7 | 10 | 12 | | | | |
| 是否积极参与活动 | 7 | 10 | 12 | | | | |
| 是否具备团队合作精神 | 7 | 10 | 12 | | | | |
| 总计 | 52 | 76 | 100 | | | | |
| 教师签字: | | | | 年　月　日 | | 得分 | |

**2. 自我评价**

(1)完成此次任务过程中存在哪些问题?

(2)产生问题的原因是什么?

(3)请提出相应的解决问题的方法。

(4)你认为还需要加强哪些方面的指导(实际工作过程及理论知识)?

### 五、拓展思考问题

1. 试述采购谈判策略。
2. 采购谈判和辩论赛有什么区别?

## 任务 5.2　采购谈判技巧与实施

### 一、任务描述

一位伟人说过:"1 克经验重于 1 吨理论"。理论上掌握再多的谈判技巧和策略,缺乏或是没有实战经验,终归是纸上谈兵。通过谈判模拟演练,锻炼积累学生的实战经验,为以后的工作奠定基础。

### 二、学习目标

1. 掌握采购谈判的程序和技巧;
2. 掌握采购谈判过程中的相关礼仪知识;
3. 掌握采购谈判过程中相关策略的运用。

### 三、任务实施

(一)任务引入、学习准备

 引导问题

(1)采购谈判的程序是怎样的?谈判时要注意哪些礼仪知识?

(2)采购谈判过程中有哪些策略和技巧?

(二)实施任务

奇数组扮演深圳中铁二局西安地铁 1 号线 8 标项目经理部,偶数组扮演西安某钢材有限责任公司,双方就150t∅28mm螺纹钢的买卖进行谈判模拟演练。

(三)任务知识点

1.采购谈判17技与14戒

(1)采购谈判17技。

①谈判前要有充分的准备。

知己知彼,百战百胜。采购人员必须了解商品的知识、品类市场及价格、品类供需情况状况、本企业情况、本企业所能接受的价格底线与上限,以及其他谈判的目标等。但要注意的是,一定要把各种条件列出优先顺序,将重点简短地写在纸上,在谈判时随时参考,提醒自己。

②只与有权决定的人谈判。

谈判之前,最好先了解和判断对方的权限。采购人员接触的对象可能有:业务代表、业务各级主管、经理、副总经理、总经理甚至董事长,依供应商的大小而定。这些人的权限都不一样,采购人员应尽量避免与无权决定事务的人谈判,以免浪费自己的时间,同时也可避免事先将本企业的立场透露给对方。

③尽量在本企业办公室内谈判。

零售商通常明确要求采购员只能在本企业的业务洽谈室里谈业务。除了提高采购活动的透明度、杜绝个人交易行为之外,其最大的目的其实是在帮助采购人员创造谈判的优势地位。在自己的地盘上谈判,除了有心理上的优势外,还可以随时得到其他同事、部门或主管的必要支援,同时还可以节省时间和旅行的开支,提高采购员自己的时间利用率和工作效率。

④对等原则。

不要单独与一群供应商的人员谈判,这样对你极为不利。谈判时应注意"对等原则",也就是说我方的人数与级别应与对方大致相同。如果对方很想集体谈,我们可先拒绝,然后再研究对策。

⑤不要表露对供应商的认可和对商品的兴趣。

交易开始前,对方的期待值会决定最终的交易条件,所以有经验的采购员,无论遇到多好的商品和价格,都不过度表露内心的看法。让提供商得到一个印象:费九牛二虎之力,终于获取了你一点宝贵的进步!永远不要忘记:在谈判的每一分钟,要一直持怀疑态度,不要流露与对方合作的兴趣,让供应商感觉在你心中可有可无,这样可以比较容易获得有利的交易条件。

对供应商第一次提出的条件,有礼貌地拒绝或持以反对意见。采购员可以说:"什么?"或者"你该不是开玩笑吧?"从而使对方产生心理负担,降低谈判标准和期望。

⑥放长线钓大鱼。

有经验的采购员会想办法知道对手的需要,因此尽量在小处着手满足对方,然后渐渐引导对方满足采购人员的需要。但采购员要避免先让对手知道自己公司的需要,否则对手会利用此弱点要求采购人员先作出让步。因此,采购人员不要先让步,或不能让步太多。

⑦采取主动,但避免让对方了解本企业的立场。

善用咨询技术,"询问及征求要比论断及攻击更有效",而且在大多数的时候,我们的供应商在他们的领域比我们还专业,多询问,我们就可获得更多的市场信息。因此采购员应尽量将自己预先准备好的问题,以"开放式"的问话方式,让对方尽量暴露出其立场。然后再采取主动,乘胜追击,给对方足够的压力。对方若难以招架,自然会做出让步。

⑧必要时转移话题。

若买卖双方对某一细节争论不休,无法谈判,有经验的采购人员会转移话题,或暂停讨论喝个茶,以缓和紧张气氛,并寻找新的切入点或更合适的谈判时机。

⑨谈判时要避免谈判破裂,同时不要草率决定。

有经验的采购人员,不会让谈判完全破裂,否则根本就不必谈判。他总会给对方留一点退路,以待下次谈判达成协议。但另一方面,采购人员须说明:没有达成协议总比达成协议的要好,因为勉强达成的协议可能后患无穷。

首先,很多人在谈判时大方向是知道的,但好的采购人员是把整个谈判内容化整为零,谈完了一点耗得你筋疲力尽时,他又突然跳到另一点,有时会绕回刚才那一点。这时,厂家就不一定在每个环节上都知道自己最好的选择和底线是什么了。其次,对于厂商,你要不断地告诉他,你已经为他做些什么,让他感觉到你已经付出了很多。如果谈不拢不要着急暂时终止谈判,不要害怕主动终止会带来什么负面效应,你要"斗争"到底。适当的时候,你也要做出一些让他们吃惊的行为,让他们重视你。这并不是说你要坚持不让步,"斗争"的主要目的是找到一个双赢的策略(只不过我要尽力赢多一点)。

⑩尽量以肯定的语气与对方谈话。

在谈判的中盘,对于对方有建设性的或自认为聪明的意见和发言,如果采取否定的语气容易激怒对方,让对方好没面子,谈判因而难以进行,而且可能还会对你的背后下黑招。因此采购人员应尽量肯定对方,称赞对方,给对方面子,这样对方也会愿意给你面子。

⑪尽量成为一个好的倾听者。

一般而言,供应商业务人员总认为自己能言善道,比较喜欢讲话。采购人员知道这一点,应尽量让他们讲,从他们的言谈举止之中,采购人员可听出他们的优势和缺点,也可以了解他们谈判的立场。

⑫尽量从对方的立场说话。

很多人误以为在谈判时,应赶尽杀绝,毫不让步。但事实证明,大部分成功的采购谈判都要在彼此和谐的气氛下进行才可能达成。在相同交涉条件上,要站在对方的立场上去说明,往往更有说服力。因为对方更会感觉到:达成交易的前提是双方都能获得预期的利益。

⑬以退为进。

有些事情可能超出采购人员的权限或知识范围,采购人员不应操之过急,不应装出自己有权或了解某事,做出不应作的决定。

此时不妨以退为进,请示领导或与同事研究弄清事实情况后,再答复或决定也不迟,毕竟没有人是万事通的。草率仓促的决定通常都不是很好的决定,智者总是深思熟虑,再作决定。古语云:"三思而后行"或"小不忍而乱大谋",有时事情拖到下次解决可能会更好——要知道往往我们能等而供应商不能等。这样,在谈判要结束时,你就声称须由上级经理决定,为自己争取到更多的时间来考虑拒绝或重新考虑一份方案。

⑭交谈集中在我方强势点(销售量、市场占有率、成长等)上。

告诉对方我公司目前及未来的发展及目标,让供应商对我公司有热忱、有兴趣。不要过多谈及我方弱势点,一个供应商的谈判高手会攻击你的弱点,以削减你的强项。

在肯定供应商企业的同时,指出供应商存在的弱点,告诉供应商:"你可以,而且需要做得更好"。不断重复这个说法,直到供应商开始调整对自己的评价为止。

⑮以数据和事实说话,提高权威性。

无论什么时候都要以事实为依据。这里说的事实主要是指:充分运用准确的数据分析,如销售额分析、市场份额分析、品类表现分析、毛利分析等,进行横向及纵向的比较。

用事实说话,对方就没办法过分夸大某些事情,从而保护住你的原则。首先,作为零售商的采购人员,在谈判前,你要明确自己的目标是什么。你一定要坚持公司的原则,即使在不得不让步的情况下,也要反复强调该原则,而且这原则是有数据和分析支持的。你要永远保持职业化的风格,让对手在无形中加深"他说的是对的,因为他对这方面很内行"的感觉。

⑯控制谈判时间。

有时谈判时间一到,就应该真的结束谈判离开,让对方紧张,以做出更大的让步。可能的话,把他的竞争对手也同时约谈过来,让你的助理故意进来告诉你下一个约谈的对象(即他的竞争对手)已经在等待。

⑰不要误认为 50/50 最好。

因为谈双赢,有些采购员认为谈判的结果是 50/50(二一添做五)最好,彼此不伤和气,这是错误的想法。事实上,有经验的采购人员总会设法为自己的公司争取最好的条件,然后让对方也得到一点好处,能对他们的公司交代。因此站在零售采购的立场上,若谈判的结果是 60/40、70/30,甚至是 80/20,也不应有什么"于心不忍"的。

(2)采购谈判 14 戒。

①准备不周。

缺乏准备,首先无法得到对手的尊重,你心理上就矮了一截;同时无法知己知彼,漏洞百出,很容易被抓住马脚,然后就是你为了摆脱这一点,就在另一点上做了让步。

②缺乏警觉。

对供应商叙述的情况和某些词汇不够敏感,无法抓住重点,无法迅速而充分地利用洽谈中出现的有利信息和机会。

③脾气暴躁。

人在生气时不可能做出好的判断。盛怒之下,往往作出不明智的决定,并且需要承担不必要的风险。同时由于给对方非常不好的印象,在对方的心目中形成成见,使你在日后的谈判中处于被动状态。

④自鸣得意。

骄兵必败,原因是骄兵很容易过于暴露自己,结果让对手看清你的缺点,同时也失去了深入了解对手的机会。

同时骄傲会令你做出不尊重对方的言行,激化对方的敌意和对立,增加不必要的矛盾,最终增大自己谈判的困难。

⑤过分谦虚。

过分谦虚只会产生两个效果:

一个可能就是让别人认为你缺乏自信,缺乏能力,而失去对你的尊重。另外一个可能就是让人觉得你太世故,缺乏诚意,对你有戒心,产生不信任的感觉。

⑥不留情面。

赶尽杀绝,会失去对别人的尊重,同时在关系型地区,也很有可能影响自己的职业生涯。

⑦轻诺寡信。

不要为了满足自己的虚荣心,越权承诺,或承诺自己没有能力做到的事情。不但使个人信誉受损,同时也影响企业的商誉。你要对自己和供应商明确这一点:为商信誉为本,无信无以为商。

⑧过分沉默。

过分沉默会令对方很尴尬,往往有采购人员认为供应商是有求于自己,自己不需要理会对方的感受。对方若以为碰上了木头人,不知所措,也会减少信息的表达。最终无法通过沟通了解更多的信息,反而让你争取不到更好的交易条件。

⑨无精打采。

采购人员一天见几个供应商后就很疲劳了,但这时依然要保持职业面貌。不要冲着对方的高昂兴致泼冷水,这可能也会让我们失去很多的贸易机会。

⑩仓促草率。

工作必须是基于良好的计划管理,仓促草率的后果之一是:被供应商认为是对他的不重视,从而无法赢得对方的尊重。

⑪过分紧张。

过分紧张是缺乏经验和自信的信号,通常供应商会觉得遇到了生手,好欺负,一定会好好利用这个机会。供应商会抬高谈判的底线,可能使你一开始就无法达到上司为你设定的谈判目标。

⑫贪得无厌。

工作中,在合法合理的范围里,聪明的供应商总是以各种方式迎合和讨好采购人员,遵纪守法、自律廉洁是采购员的基本职业道德,也是发挥业务能力的前提。采购人员应当重视长期收益,而非短期利益。

⑬玩弄权术。

不论是处理企业内部还是外部的关系都应以诚实、客观的处事态度和风格来行事。玩弄权术最终损失的是自己,因为时间会使真相暴露,别人最终会给你下一个结论。

⑭泄露机密。

严守商业机密,是雇员职业道德中最重要的条件,对手也会认为你是可靠与可尊敬的谈判对象。所以时刻保持警觉性,避免在业务沟通中披露明确和详细的业务信息。当你有事要离开谈判座位时,一定要合上资料、关掉电脑,或将资料直接带出房间。

**2. 采购谈判的主要内容**

(1)产品条件谈判。

采购的主角是产品或原材料,因此,谈判的内容首先是关于产品的有关条件的谈判。产品条件谈判有的复杂,有的简单,主要决定于采购方购买产品的数量和产品的品种、型号。对于采购方来说,如果购买的产品数量少,品种单一,产品条件谈判就比较简单;如果在购买的产品数量多,品种型号也多的情况下,产品条件谈判就比较复杂。一般来说,产品条件谈判内容包括:产品品种、型号、规格、数量、商标、外形、款式、色彩、质量标准、包装等。

(2)价格条件谈判。

价格条件谈判是采购谈判的中心内容,是谈判双方最为关心的问题。通常双方会进行反复的讨价还价,到最后才能敲定成交价格。价格条件谈判也包括数量折扣、退货损失、市场价格波动风险、商品保险费用、售后服务费用、技术培训费用、安装费用等条件的谈判。

(3)其他条件谈判。

除了产品条件和价格条件谈判外,还有交货时间、付款方式、违约责任和仲裁等其他条件的谈判。

3.采购谈判的程序

(1)准备阶段。

①对涉及价格方面的事情进行准备。

企业进行采购谈判,其主要的内容还是决定所采购材料的价格,因此,企业在进行采购谈判以前,要对谈判时涉及的价格方面事先作好准备,这包括慎重选择供应商、决定采购材料的底价或预算、分析和比较报价的内容等。

A.慎重选择供应商。最合适的供应商应该具备许多条件,但是,能提供适合的品质、充分的数量、准时的交货、合理的价格和热忱的服务,应该是他们共同的要求。但是如何选择供应商,许多企业都感到很困难。通常企业的做法是先成立选评小组,决定评审项目后,再将合格厂商加以分类、分级。选择正确的对象,可以使谈判工作事半功倍。

B.确定底价与预算。谈判之前,采购人员应首先确立拟购物品的规格与等级,并就财务负担能力加以考虑,定出打算支付给供应商的最高价格,以便在议价之前,可以根据此价格加以适当的还价。

C.请报价厂商提供成本分析表或报价单。为了确定物品或劳务是否真正符合卖方的要求,应该由卖方提供报价单,以便详细核对内容,如果将来拟购项目有增减,也可以根据报价单重新核算价格。交货时,也应有相应的验收标准,对于巨额的订制品等,另请卖方提供详细的成本分析表,以了解报价是否合格。

D.审查、比较报价内容。在议价之前,采购人员审查报价单的内容有无错误,避免造成将来交货的纷争,将不同报价商的报价基础加以统一,以免发生不公平的现象。

E.了解优惠条件。供应商对长期交易的客户会提供数量折扣;对于能以现金支付的贷款,享有现金折扣;对于整批机器的订购,附赠备用零件或免费安装等。因此,采购人员应该掌握这些优惠条件,以便于将来的谈判议价。

②谈判地点和时间选择。

A.谈判地点的选择。关于谈判地点的选择,通常不外乎三种情况:在采购方企业所在地,在对方所在地,既不在对方所在地也不在采购方企业所在地,这三种不同的地点的选择各有利弊。

谈判地点选在采购方企业所在地的优点是:环境熟悉,不会给采购方谈判人员造成心理压力,有利于以和平、放松的心态参加谈判,查找资料和邀请有关专家比较方便,可以随时向本企业决策者报告谈判进展,同时由于地理环境的因素,可以给对方谈判人员带来一定的心理压力。这种方法的缺点是:易受本企业各种相关因素的干扰,而且也少不了复杂的接待工作。

谈判地点选在对方企业所在地的优点是:采购方谈判人员可以少受外界因素打扰而以全部的精力投入到谈判工作中,可以与对方企业决策者直接交换意见,可以使对方谈判人员无法借口无权决定而拖延时间,同时也省去了许多复杂的接待工作。但这种方法也有缺点:环境不熟悉,自己有压力;临时需要查找资料和邀请有关专家不方便。

谈判地点选在其他地方,对双方来讲都比较公平,谈判可以不受外界因素干扰,保密性强。

但对双方来讲,查找信息和请示领导都多有不便,各项费用支出较高。

　　B.谈判时间的选择。谈判时间一般都在白天,这时双方谈判人员都能以充沛的精力投入到谈判中,头脑清醒,反应自如,不犯或少犯错误。

　　③谈判人员的选择。

　　谈判人员的选择对于一次采购谈判成功与否的重要性是不言而喻的。有的采购谈判可能因为规模小,目标单一明确,仅需1~2名谈判人员;而有的采购谈判可能因为规模大,情况复杂,目标多元化而需要由多个谈判人员组成谈判小组。但不管谈判人员的多少,一些谈判人员基本素质的共同要求是相同的。这些共同要求包括:谈判人员应具有良好的自控和应变能力、采购谈判在无形之中形成的直觉。此外,采购人员还应具有平和的心态、沉稳的心理素质,以及大方的言谈举止。

　　对于必须组成谈判小组来说,其谈判小组的组成规模要适当,依据实际情况而定,应该遵循的原则就是保持精干高效。采购谈判小组除了一名具有丰富的谈判实践经验、高明的组织协调能力的组长之外,还需要财务、法律、技术等各个方面的专家。在性格和谈判风格上,小组成员应该是"进攻性"和"防御型"两类人员优势互补,以使谈判取得最佳效果。

　　④谈判方式的选择。

　　采购谈判方式可以简单分为两大类:面对面的会谈及其他方式的谈判。面对面的会谈又可以分为正式的室内会谈和非正式的场外会谈;其他方式的谈判包括采用信函、电话、电传、电报、互联网方式的谈判等。

　　A.面对面的会谈。相对于其他方式,面对面的会谈能较多地增加双方谈判人员的接触机会,增进彼此之间的了解,从而更能洞悉对方谈判人员的谈判能力、谈判风格,会给谈判人员充分施展各种策略技巧留下很大的空间。尤其是非正式的场外会谈,可以营造轻松的气氛,缓和正式谈判的紧张气氛。但是,这种谈判方式较适用于大宗贸易和想与对方保持长期合作关系的谈判活动。本章所涉及的谈判策略和技巧以及应遵循的谈判原则都是针对面对面会谈的。

　　B.其他方式的谈判。在其他谈判方式中,把利用信函、电报、电传进行的谈判称为书面的谈判。书面谈判有助于传递详细确切的信息,且没有不必要的干扰。采用这种谈判形式,谈判双方可以有充分的时间去考虑谈判条件合适与否,便于慎重决策。电话谈判也可以用来获取某些信息,提高效率,费用较少,但是,无论是书面谈判还是电话谈判,都没有视觉交流,可能会引起误解。

　　可以预测,随着高科技的迅速发展,互联网在采购谈判中将会取代面对面的会谈而成为大型商务谈判的主要方式,因为网上谈判既克服了电话谈判和书面谈判缺乏面对面交流的缺陷,与面对面会谈相比,又具有方便、成本低等优点。

　　(2)正式谈判阶段。

　　①摸底阶段。

　　在正式谈判开始前,双方的主要任务是相互摸底,希望知道对方谈判的目标底线,所以在这一阶段说话往往非常谨慎,通常以介绍自己的来意、谈判人员的情况(姓名、服务、分工等)、本企业的历史、产品有关情况等为主,并倾听对方的意见和观察其反应。在这一阶段,价格这一敏感问题往往先不在谈话中涉及,而是在倾听对方意见之后,再来决定。另外,这一阶段切忌只是自己一方喋喋不休地讲话,要遵循采购原则中"多听、多看、少说"的原则,给对方讲话的机会。

②询价阶段。

价格是采购谈判的敏感问题,也是谈判最关键的环节,在这一阶段要考虑的问题是:谁先开价、如何开价、对方开价后如何还价等问题。

③磋商阶段。

在进行询价后,谈判就进入了艰难的磋商阶段,双方都已经知道了对方的初始报价,所以在磋商阶段主要是双方彼此讨价还价,尽力为己方争取更多利益的阶段。而初始报价已经表明双方分歧的差距,要为己方争取到更多的利益,就必须判断对方为何出此报价,他们的真实意图是什么,可以通过一系列审慎的询问来获得信息,比如这一报价和购买数量的关系,有没有包括运费、零配件费用和其他费用在内等,但是,在这一阶段,不适宜马上对对方的回答予以评论或反驳。

分歧在谈判中被重视是自然的,也是正常的。分歧的类型有三种:一是由于误解而造成的分歧,主要在于未能进行充分和有效的沟通所造成的。比如在表达己方意见时,未能阐述清楚,在对方报价时没有解释报价的依据等。二是处于策略的考虑而人为造成的分歧。例如,双方为了讨价还价以达到自己满意的价格的需要,开始报价的时候就报得很高或很低。三是双方立场相差很远而形成的真正的分歧,如购买方的价格底线差距很大,再通过多次磋商仍不能取得一致。

④设法消除分歧。

在明确了分歧类型和产生的原因之后,就要想办法消除双方之间的分歧。对由于误解而造成的分歧,通过加强沟通、增进了解,一般是可以消除的。出于策略的考虑而人为造成的分歧,比如双方立场相差很远而形成的真正的分歧,其消除是非常困难和漫长的,需要高明的策略和技巧。

(3)成交阶段。

经过磋商之后,双方的分歧得到了解决,就进入了成交阶段。在这个阶段,谈判人员应将意见已经一致的方面进行归纳和总结,并办理成交手续或起草成交协议文件。

(4)检查确认阶段。

检查确认阶段是谈判的最后阶段,在这一阶段主要做好以下工作:

①检查成交协议文本。应该对文本进行一次详细的检查,尤其是对关键词、句子和数字的检查一定要仔细认真。一般应采用统一的经过公司法律顾问审定的标准格式文本,如合同书、订货单等。对大宗或成套项目交易,其最后文本一定要经过公司法律顾问的审核。

②签字认可。经过检查审核之后,由谈判小组或谈判人员进行签字并加以盖章,予以认可。

③小额交易的处理。对小额交易直接进行交易,在检查确认阶段,应主要做好货款的结算和产品的检查交易工作。

④礼貌道别。无论是什么样的谈判及谈判的结果如何,双方都应该诚恳地感谢对方并礼貌地道别,这有利于建立长期的合作关系。

在采购谈判中,为了使谈判能够顺利进行和取得成功,谈判者应善于灵活运用一些谈判策略和技巧。谈判策略是指谈判人员通过何种方法达到预期的谈判目标,而谈判技巧则是指谈判人员采用什么具体行动执行谈判策略。在实际选用不同的谈判策略和技巧时,不仅应考虑谈判内容、谈判目标、谈判对手等个体情况,还应评估与供应商谈判的力量,究竟有哪些优势和劣势,如买方的力量、卖方的力量、替代品、竞争者、新供应商障碍等,才能舍己之短,并发挥所长。

**4. 谈判策略**

(1) 投石问路策略。

所谓投石问路策略,就是在采购谈判中,当买方对卖方的商业习惯或有关诸如产品成本、价格方面不太了解时,买方主动地摆出各种问题,并引导对方去做较为全面的回答,然后,从中获得有用的信息资料。这种策略一方面可以达到尊重对方的目的,使对方感觉到自己是谈判的主角和中心;另一方面,自己又可以摸清对方底细,争取主动。

例如,当企业向供应商提出要购买 5000 件产品时,他就可以使用此策略。首先,他可以向供应商询问如果他购买 1000、2000、3000、4000 和 4500 件的单价分别是多少,当卖方回答后,买方就可以从中获取有关的信息资料,进而分析研究出供应商的生产成本、生产能力、产品价格政策等。最后,买方就能够以较低的成本费用从供应商那里获得他们所需的产品。

运用该策略时,关键在于买方应给予卖方足够的时间并设法引导卖方对所提出的问题尽可能详细地正面回答。为此,买方在提问时应注意:问题要简明扼要,要有针对性,尽量避免暴露提问的真实目的或意图。在一般情况下,买方可以提出以下几个问题:如果我们订货的数量增加或减少?如果我们让你方作为我们固定的供应商?如果我们有临时的采购技术?等等。

当然,这种策略也有不实用的情况。例如,当谈判双方出现意见分歧时,买方使用此策略则会让对方感到你是故意给他出难题,这样,对方就会觉得你没有诚意,谈判也许就不会成功。

(2) 避免争论策略。

谈判人员在谈判之前,要明确自己的谈判意图,在思想上进行必要的准备,以创造融洽、活跃的谈判气氛。然而,谈判双方为了谋求各自的利益,必然会在一些问题上发生分歧,此时,双方都要保持冷静、防止感情冲动,尽可能地避免争论。因为争论不休于事无补,而只能使事情变得更糟,最好的方法是采取下列态度进行协商:

① 冷静地倾听对方意见。在谈判中,听往往比说更重要。它不仅表现了谈判者良好的素质和修养,也表现出对对方的尊重。多听少讲可以把握材料,探索并猜测对方的动机,预测对方的行动意图。在倾听过程中,即使对方讲出你不爱听的话,或对方对你不利的话,也不要立即打断对方或反驳对方。因为真正赢得优势、取得胜利的方法不是争论,所以,最好的方法是在对方讲话完毕后,首先表示同意对方的意见,承认自己在某方面的疏忽,然后提出对对方的意见,进行重新讨论。这样在重新讨论问题时,双方就会心平气和地进行,从而使谈判达到双方都满意的结果。

例如,在谈判价格时,当买方提出"你放给我放的某些产品价格太高,不讲价无法达成协议",这时卖方最好的办法不是立刻讨价还价,而是表示歉意,可以真诚地对买方说"我们也认为某些产品的价格高了一些,但由于它的成本高,所以报价时只考虑了自己的生产成本和盈利目标,忽视了你们的承受能力,这是我们的疏忽,对此我们表示歉意,大家谁也不会为了亏本来谈判,因此,我们愿意就价格问题专门进行磋商。"这样一来,对方就不会觉得你是为了赚他的钱,而是真诚地为了继续合作,在重新讨论价格时,就显得十分宽容和大度。

② 婉转地提出不同意见。在谈判中,当你不同意对方意见时,切忌直接提出自己的否定意见。这样会使对方在心理上产生抵触情绪,反而千方百计地维护自己的观点。如果有不同意见,最好的办法是先同意对方的意见,然后再做探索性的提议。

③分歧产生之后谈判无法进行,应立即休会。如果在洽谈中,某个问题成了绊脚石,使洽谈无法进行下去,双方为了捍卫自己的原则和利益,就会各抒己见,互不相让,使谈判陷入僵局,休会的策略为那些固执己见性谈判者提供了请示上级的机会,同时,也为自己创造了养精蓄锐的机会。

谈判实践证明,休会策略不仅可以避免僵持局面和争论的发生,而且可以使双方保持冷静、调整思绪、平心静气地考虑对方的意见,达到顺利解决问题的目的。"休会"是国内外谈判人员经常采用的基本策略。

(3)情感沟通策略。

如果与对方直接谈判的希望不大,就应该采取迂回的策略。所谓的迂回策略就是先通过其他途径接近对方,彼此了解,联络感情,在沟通了解后,再进行谈判。人都是有感情的,满足人的情感和欲望是人的一种基本需要。因此,在谈判中利用感情因素去影响对方是一种可取的策略。

灵活运用此策略的方法很多,可以有意识地利用空闲时间,主动与谈判对手聊天、娱乐、谈论对方感兴趣的问题;也可以赠小礼品、请客吃饭,从而达到增进了解、联系情感、建立友谊的目的,从侧面促进谈判的顺利进行。

(4)货比三家策略。

在采购某商品时,企业往往选择几个供应商进行比较分析,最后择优签订供销合约。这种情况在实际工作中非常常见,我们把采购上的这种做法称为"货比三家策略"。

在采用策略时,企业首先选择几家生产同类型所需产品的供应商,并向对方提供自己的谈判内容、谈判条件等。同时也要求对方在限定时间内提供产品样品、产品的性能等相关资料,然后,依据资料比较分析卖方在谈判态度、交易条件、经营能力、产品性价比等方面的差异,最终选择其中的一家供应商与其鉴定合同。

另外,在运用此策略时,卖方应注意选择实力相当的供应商进行比较,以增加可比性和提高签约效率,从而更好地维护己方的谈判利益。同时,买方还应以平等的原则对待所选择的供应商,以严肃、科学、实事求是的态度比较分析各方面的总体情况,从而寻找企业的最佳合作伙伴。

(5)声东击西策略。

声东击西策略是指我方为达到某种目的,有意识地将洽谈的议题引导到无关紧要的问题上故作声势,转移对方的注意力,以求实现自己的谈判目标。具体做法是在无关紧要的事情上纠缠不休,或在自己不成问题的问题上大做文章,以分散对方自己真正要解决的问题上的注意力,从而在对方无警觉的情况下,顺利实现自己的谈判意图。例如,对方最关心的问题是价格问题,而我方最关心的问题是交货时间,这时,谈判的焦点不要直接放到价格和交货时间上,而是放在价格和运输方式上。在讨价还价时,我方可以在运输方式上让步,而作为双方让步的交换条件,要求对方在交货时间上作出让步。这样,对方得到了满意,我方的目的也达到了。

(6)最后通牒策略。

处于被动地位的谈判者,总有希望谈判成功达成协议的心理。当谈判双方各持己见,争执不下时,处于主动地位的一方可以利用这一心理,提出解决问题的最后期限和解决条件。期限是一种时间性通牒,它可以使对方感到如不迅速作出决定,他会失去机会。因为从心理学角度讲,人们对得到的东西并不珍惜,而对要失去的本来在他看来并不重要的某种东西,却一下子变得很有价值,在谈判中采用最后通牒策略就是借助人的这种心理定势来发挥作用的。

(7)其他谈判策略。

除以上介绍的谈判策略和方法以外,在实际谈判活动中,还有许多策略可以采用,如多听少讲策略、先苦后甜策略、讨价还价策略、欲擒故纵策略、以退为进策略等。

总之,只要谈判人员善于总结、善于观察,并灵活使用它们,就能用于指导实际谈判。

5.采购谈判中的议价技巧

在买方占优的情况下,供应商彼此竞争激烈,买方"因势利导",应用压迫式技巧进行议价。

①借刀杀人。

通常询价后,可能有3~7个厂家报价,经过报价分析与审查,然后按报价高低次序排列(比价)。议价究竟从报价最高者着手,还是从最低者开始?是否执照报价最低者来议价?是否与报价的每一厂商分别议价?事实上,这没有标准答案,应视情况而定。

一般采购人员工作相当忙碌,若一一与报价厂商议价,恐怕"时不与我",且通常议价的厂商越多,将来决定的时候困扰就越多。若仅从报价最低的厂家开始议价,则此厂商降价的意愿与幅度可能不高,故所谓"借刀杀人",即从报价并非最低者开始,若时间有限,先找比价结果排行第三者来议价,探知其降低的限度后,再找第二低者议价,经过这两次议价,"底价"就可能浮现出来。若"底价"比原来报价最低者还低,表示第三低者、第二低者承做意愿相当高,则可再找原来报价最低者来议价。以前述第三低者、第二低者降价后的"底价",要求最低者降至"底价"来承做,达到"借刀杀人"的目的,若原来报价最低者不愿降价,则可以第二低者、第三低者议价后的最低价格成交,若原来最低价者刚好降至第二低者或第三低者的最低价格,则以交给原来报价最低者为原则。

"借刀杀人"达到合理的降价目的,应见好就收,以免造成报价厂商之间相互竞争,以致延误采购时效。此外,摒除原来报价偏高的厂商的议价机会,可以达到"杀鸡儆猴"的效果,并鼓舞竞争厂家勇于提出较低的报价。

②过关斩将。

所谓"过关斩将",即采购人员应善于应用上级主管的议价能力。通常供应商不会自动降价,采购人员必须据理力争,但是供应商的降价意愿与幅度,视议价的对象而定。如果采购人员对议价的结果不太满意,此时应要求上级主管来和供应商议价,当买方提高议价的层次,卖方有受到敬重的感觉,可能同意提高降价的幅度;若采购人员进而请求更高阶层的主管(如采购经理,其至副总经理或总经理)要约卖方的业务主管(如业务经理)面谈,或由买卖方的高阶层主管直接对话,效果也不错,因此,通常只要和上级主管打声招呼,有时可获得意想不到的效果。

当然,业务人员若为回避"过关斩将"而直接与采购经理或高层主管洽谈,如此,必会得罪采购人员,将会失去询价的机会。因此通常会采取这种提高议价层次的策略,使双方满意。

③化整为零。

采购人员要获得最合理的价格,必须深入了解供应商的"底价"究竟是多少,若是仅获得供应商笼统的报价,据此与其议价,吃亏上当的机会相当大。如能要求供应商提供详细的成本分析表,在"杀价"时才不会发生错误。因此,真正的成本或底价,只有供应商心里才明白,任凭采购人员乱砍乱杀,最后恐怕还是占不了便宜。因此,当你采购的物品是由几个不同的零件组合或装配而成时,即可要求供应商"化整为零",列明各项报价并一一报价。另外,请专业制造此零件的厂商另行报价,借此寻求最低的单项报价或总价,作为议价的依据,但也可采取以完成品买进或零件买进自行组装的采购决策。

④压迫降低价。

当买方占优势的情况下,以胁迫的方式要求供应商降低价格,并不征询供应商的意见。这种方法通常是在卖方处于产品销路欠佳,或竞争十分激烈,以致发生亏损或利润微薄的情况下,为改善其获利能力而使出的杀手锏。由于市场不景气,故形成供应商存货积压,急于出手换取周转资金。这时很容易形成买方市场。采购人员通常遵照公司的紧急措施,要求供应商自特定日期起降低若干;若原来供应商缺乏配合意愿,即可更换来源,当然,这种太激烈的降价手段,会破坏供需双方的和谐关系;当市场好转时,原来委屈求人的供应商,不是反抬高售价,就是另谋发展,供需关系难以维持之久。

总之,在采取压迫价时,必须注意切勿"杀鸡取卵",以免危害长期的供应商关系或产生其对抗的行为。

在卖方占优势的情况下特别是单一来源或独家代理,买方寻求突破议价困难的技巧如下:

①迂回战术。由于卖方占优势,议价通常效果不好,采取迂回战术可能有效,如某厂家自本地总代理购入某化学品,发现价格竟比同类某公司贵,因此,要求总代理说明原委,末了总代理未能解释个中道理,也不愿意降价。因此,采购人员委托总代理厂国的某贸易商,先行在该国购入此项化学品,再运往自己的厂里。因为总代理的利润偏高,此种转运安排虽然费用增加,但总体成本还是比通过本地总代理人购入的价格便宜。

②直捣黄龙。某单一来源的供应商或总代理对采购人员的议价置之不理,摆出一副"姜太公钓鱼,愿者上钩"的姿态,使采购人有被侮辱的感觉,此时,若能摆脱总代理,寻求原厂的报价将是良策。例如,某制鞋厂拟购缝纫机7部,经总代理报价后,虽然三番五次要约前来议价,总是推三阻四不得要领,当采购人员查阅产品目录时,灵机一动,将目录上印有总代理名称、地址及电话的标签撕下,赫然发现国外原厂家的通信设备处所,通过联系和谈判磋商,最后降价12%。

由前述的事例可见,采购人员对所谓的总代理在议价的过程中要认清虚实,因为有些供应商自称为总代理,事实上,并未与原厂签订任何合约或协议,只想借总代理的名义自抬身价,获取超额利润。因此,当采购人员向国外原厂询价时,多半会获得回音。但是,在产、销分离制度相当严谨的国家,如日本,则迂回战术就不得其门而入。因为原厂通常会把询价单转交国内的代理商,不会自行报价。

③预算不足。在买方处于劣势的时候,应以哀兵姿态争取卖方的同情支持。由于买方没有能力与卖方议价,有时会以预算不足为借口,请求卖方同意在其有限的费用下,勉为其难地将货品卖给他,从而达到减价的目的。一方面买方必须实施动之以情的议价功夫,另一方面则口头承诺将来"感恩图报"换取卖方"来日方长"的打算。此时,若卖方并非血本无归,只是削减原本过高的利润,则双方可能成交;若买方的预算距离卖方的底价太远,卖方将因无利可图,不为买方的请求所动。

④釜底抽薪。为了在卖方处于优势下摄取利润,采购人员只好同意卖方有"合理"利润,否则乱杀价,仍然会给予卖方可乘之机。因此,通常由卖方提供成本资料,以国外货品而言,则请总代理提供一切进口单据,逐一查核真实的成本,然后加以合理的利润作为采购的价格。

## 四、任务评价

**1. 填写任务评价表**

完成以上任务,填写任务评价表,见表5-2。

表5-2 任务评价表

| 考核项目 | 分数 | | | 学生自评 | 小组互评 | 教师评价 | 小计 |
|---|---|---|---|---|---|---|---|
| | 差 | 中 | 好 | | | | |
| 谈判中是否注意各种策略、技巧的运用 | 8 | 10 | 13 | | | | |
| 是否注重礼仪知识的运用、精神面貌好 | 8 | 10 | 13 | | | | |
| 工作过程安排是否合理、规范 | 8 | 16 | 26 | | | | |
| 陈述是否完整、清晰 | 7 | 10 | 12 | | | | |
| 是否正确灵活运用已学知识 | 7 | 10 | 12 | | | | |
| 是否积极参与活动 | 7 | 10 | 12 | | | | |
| 是否具备团队合作精神 | 7 | 10 | 12 | | | | |
| 总计 | 52 | 76 | 100 | | | | |
| 教师签字: | | | | 年  月  日 | | 得分 | |

**2. 自我评价**

(1)完成此次任务过程中存在哪些问题?

(2)产生问题的原因是什么?

(3)请提出相应的解决问题的方法。

(4)你认为还需要加强哪些方面的指导(实际工作过程及理论知识)?

## 五、拓展思考问题

1. 如何对各种谈判技巧、策略进行深层次理解?
2. 如何对谈判主要内容进行全面理解?

# 学习情境 6

# 采购合同管理

## 任务 6.1 采购合同编制、签订

### 一、任务描述

采购合同是非常重要的纸质文件,也是双方权益实现的重要保证。因此,熟练掌握采购合同的签订过程,检查采购合同的有效性,意义重大,也是合格采购人员必须具备的技能之一。

### 二、学习目标

1. 掌握物资采购合同的基本格式、内容;
2. 熟悉签订采购合同的注意事项、有效合同的判定;
3. 熟悉采购合同正文的主要条款。

### 三、任务实施

#### (一)任务引入、学习准备

**引导问题**

(1)什么是物资采购合同?重视物资采购合同的管理有哪些重要的意义?
_____
_____

(2)物资采购合同的主要内容有哪些?
_____
_____

#### (二)实施任务

以学习情景 5 为基础,4~6 人为一个学习小组,编制钢材采购(预售)合同。要求所编制的合同格式正确、措辞严谨、内容完整有效。

### (三)任务知识点

#### 1. 物资采购合同的基本概念

物资采购合同是指具有平等主体的自然人、法人、其他组织之间为实现生产、工程物资的买卖,设立、变更、终止相互权利义务关系的协议。它属于买卖合同,依照协议,卖方转移生产、工程物质的所有权于买方,买方接受生产、工程物质并支付价款。物资采购合同一般分为材料采购合同和设备采购合同。物资采购合同具有买卖合同一般特点,即以转移财产的所有权为目的,以支付价款为结点。

#### 2. 采购合同的内容

一份完整的采购合同包含很多内容,从总体上可以分为三个部分:开头、正文、结尾。

(1)开头。开头的主要内容:合同的名称、合同编号、采供双方的企业名称(要求在合同中写明其名称和地址。如果是自然人,就应写明其姓名和住所)、签订地点、签订时间。

(2)正文。正文的主要内容:

①货物名称与规格。

②货物数量条款。数量是衡量标的物和当事人权利义务大小的尺度,指的是采购数量和交货数量,数量要采用国家规定的计量单位和方法。

③货物质量条款。质量是标的物的内在素质和外在形态优劣的标志。当事人应对采购合同标的物的质量做出明确的规定,要写明执行的技术标准,技术标准的编号,国家没有规定技术标准的,由双方当事人经过协商,明确其质量标准和要求。

④价格条款。价格的确定,要符合国家的价格政策和法规,并在合同中写明,价款结算的币种、单价、总价、价款的结算除国家规定允许使用现金外,应通过银行办理转账或票据结算。

⑤运输方式。采用何种运输方式等。

⑥支付条款。支付条款包括支付期限、支付工具等。

⑦交货地点。合同中要写明交货的地点。

⑧检验条款。采购方应对购入的货物进行检验,根据货物的生产类型、产品性能、技术条件的不同,采取感官检验、理化检验、破坏性检验等方法,在合同中约定检验的标准、方法、期限以及索赔的条件。

⑨保险。保险条款包括险种、选择的保险公司及保险额,签订出口合同时,如果按 FOB 或 CFR 条件成交,保险条款可规定为"保险由买方自理";按 CIF 签订出口合同时,一般由供方投保。我国签订进口合同时,一般由采购方投保。

⑩违约责任。违约责任是采购合同的当事人由于自己的过错,没有履行或没有全部履行应承担的义务,按照法律规定和合同约定应承担的法律责任。对于违约责任条款当事人应根据"合同法"的规定,在合同中进一步具体明确。

⑪仲裁。当事人在合同中约定的仲裁条款或者在纠纷发生后达成的仲裁协议,是仲裁机构受理合同纠纷的法律依据。因此,如果当事人要采取仲裁方法解决合同纠纷,就必须在采购合同中明确约定或事后达成仲裁协议。

⑫不可抗力。不可抗力包括不可抗力事故的范围、不可抗力事故的法律后果、出具事故证明的机构和事故发生后通知对方的期限等。

(3)结尾。结尾的主要内容:合同份数及生效日期、签订人的签名、采购双方的公司公章。

3. 采购合同的检查

采购合同分为有效的采购合同、效力待定的采购合同、无效的采购合同和可撤销的采购合同四种。

(1)有效的采购合同。

①有效的采购合同的概念。有效的采购合同是指采购方与卖方订立的合同符合国家的法律规定和要求,具有法律效力,受到国家保护的采购合同。《合同法》第四十四条第一款规定:"依法成立的合同,自成立时生效。"由于大多数采购合同都是有效合同,因此合同的成立与合同的生效是同时发生的。

②采购合同的有效条件。采购合同的有效条件具体如下:

A. 当事人要符合法律要求的资格。签订的主体要有相应的民事行为能力。无论采购方还是卖方,如果是法人签定采购合同,应具有法人资格。如果是非法人经济组织签订采购合同,应取得合法的营业执照。自然人签订采购合同时,必须有完全民事行为能力。无民事行为能力的人只能签订纯粹获利的合同;限制民事行为能力的人只能签订与其年龄、智力和精神状况相适应的合同。否则,其所签的采购合同是效力待定的合同。

B. 意思表示真实。意思表示是当事人将其希望发生、变更和终止采购合同关系的内心想法,以一定方式表示与外部的行为。只有当其意思表示与其内心想法完全一致时,采购合同才会生效。

C. 内容不违反法律和社会公共利益。内容合法是采购合同受法律保护的基本条件。如果采购合同违反法律和行政法规,损害国家、集体和社会公共利益,当然被视为无效合同。

(2)效力待定的采购合同。

效力待定的采购合同是指合同已经成立但因其不完全符合合同生效的条件,其效力能否发生尚未确定的合同。《合同法》主要规定以下三种效力待定的采购合同:

①限制行为能力人订立的采购合同。限制行为能力人是指年满10周岁但未成年的人,以及不能完全辨认自己行为的精神病人。限制行为能力人订立的采购合同,经法定代理人追认后有效。

与限制行为能力人签订采购合同的人,可以依法催告法定代理人对限制行为能力人所签订的合同予以追认,法律规定的期限为一个月。在一个月的法定期限内,法定代理人予以追认的,则采购合同生效;法定代理人未作表示或表示不予追认的,视为拒绝追认,采购合同不生效。

②无代理权以他人名义订立的采购合同。这只是一种无权代理行为,这种行为包括行为人没有代理权、超越代理权和代理权终止后以被代理人的名义订立合同三种情况。《合同法》规定:无代理权人以他人名义订立的合同,未经被代理人追认的,对被代理人不发生效应,由行为人承担责任。同时规定:与无代理权人签订的合同的人可以催告被代理人在一个月内予以追认。催告的法律与限制行为能力人订立的采购合同相同。

③无处分权人处分他人财产的采购合同。财产处分是指法律上的处分,包括财产的赠予、转让、设定抵押等。财产只能由享有处分权的人处分,即使是共有财产,共有人也只能依法处置其占有的份额,因此,无处分权人无权处分他人财产。

(3)无效的采购合同。

①无效的采购合同的概念。无效的采购合同是指当事人虽然协商订立,但因其违反法律

规定,国家不承认其法律效应的合同。无效的采购合同从订立的时候起,就不受国家法律的保护。

②无效采购合同有以下5种情况:

A. 一方以欺诈、胁迫手段订立合同,损害国家利益的。

B. 恶意串通,损害国家利益、集体或者第三人利益的合同。

C. 以合法形式掩盖非法目的的合同。

D. 损害社会公共利益的合同。

E. 违反法律、行政法规强制性规定的合同。

(4)可撤销的采购合同。

①可撤销的采购合同的概念。这类采购合同是指在订立时,当事人的意思不真实,或一方当事人是对方在违背真实意思的情况下签订的合同。可撤销的采购合同是一种相对无效的合同。

②可撤销的采购合同有以下3种情况:

A. 重大误解的采购合同。

B. 显失公平的采购合同。

C. 欺诈、胁迫的采购合同。

**4. 采购合同的签订**

根据《合同法》第三、四、五、六、七条的规定,采购合同的签订应当按照平等原则、自愿原则、诚实信用原则、遵守法律、行政法规和遵守社会公德的原则进行。按照《合同法》的规定,采购合同采用要约、承诺方式。

(1)签订采购合同的原则。

①合同的当事人必须具备法人资格。这里的法人是指有一定的组织机构和独立支配财产,能够独立从事商品流通活动或其他经济活动,享有权利和承担义务,依照法定程序成立的企业。

②合同必须合法。也就是必须遵照国家的法律、法令、方针和政策签订合同,其内容和手续应符合有关合同管理的具体条例和实施细则的规定。

③必须坚持平等互利、充分协商的原则签订合同。

④当事人应当以自己的名义签订经济合同。委托别人代签,必须要有委托证明。

⑤采购合同应当采用书面形式。

(2)签订采购合同的程序。

①订约提议。订约提议是指当事人一方向对方提出的订立合同的要求或建议,也称要约。

②接受提议。接受提议是指被对方接受,双方对合同的主要内容表示同意,经过双方签署书面契约,合同即可成立,也称承诺。

③填写合同文本。

④履行签约手续。

⑤报请签约机关签证或报请公证机关公证,有的经济合同,法律规定还应获得主管部门的批准或工商行政管理部门的签证。对没有法律规定必须签证的合同,双方可以协商决定是否签证或公证。

5.采购合同签订的注意事项

(1)数量。

①注意物料的重量是采用毛重还是净重。

②如果物料数量不足,是否制定适当的解决方法。

(2)价格。

①在价格方面应该注意有关价格条件、币值变动及价格变化的处理方法。

②国外采购货物,更需留意汇率变动。

(3)包装。

①包装方法包括散装、木箱装、桶装、纸箱装、袋装、瓶装等,包装时应注意采用最适合的方式。

②特殊性能物料应详细标明所采用的包装方式。

(4)供应地区。

①需注意进口物料是否与海关输入规定有冲突,如有些物料是管制进口的。

②有些物料,如机器设备的供应商是与其他国家制造厂技术合作的,进口方是否可以接受等。

(5)交货。

需注意交货期限是否与所开具信用证的日期相符。

(6)运输。

①了解运输的方法是海运、空运还是陆运。

②是否采取一次装运或分批装运,如采取分批装运,批次、数量及日期是否列明。

(7)付款方法。

①付款方法有现金支付、支票支付、一次付清或分期付款等,采用哪种付款方法均需列明。

②国外的信用证的开具日期是否与装船期相符。

(8)保险。

①所列保险条款是否适当。

②保险金额是否合理并应注意保险时效与投保手续。

(9)重量与检验。

①在合约上需详细标明物料的品质与数量。

②需留意物料的检验方法及检验期限。

(10)运费、保险费及汇率变动。

①应在合约上详细标明运费、保险费由哪一方支付。

②标明汇率变动风险条款,以防止引发争端。

## 学习情境 6 采购合同管理

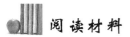
**阅读材料**

### 中铁十局集团第三建设有限责任公司

项目

钢 材 采 购 合 同

（合同编号：　　　　　）

年　月　日

## 钢材采购合同范本

甲方(需方)：
乙方(供方)：
合同编号：

鉴于甲方施工生产的需要,同意由乙方供应甲方_____项目的**钢材**,依照《中华人民共和国合同法》及其他相关法律法规的规定,遵循平等、自愿、公平和诚实信用的原则,经双方协商一致,订立本合同,以资共同遵照执行。

**一、产品名称、品牌、规格型号、厂家、需求数量、单价、金额、进货时间**

| 物资名称 | 品牌 | 规格型号 | 生产厂家 | 计量单位 | 数量 | 单价(元) | 总金额(元) |
|---|---|---|---|---|---|---|---|
|  |  |  |  |  |  |  |  |
|  |  |  |  |  |  |  |  |
|  |  |  |  |  |  |  |  |
|  |  |  |  |  |  |  |  |
|  |  |  |  |  |  |  |  |
|  |  |  |  |  |  |  |  |
| 合计人民币约(大写)： | | | | | | | |
| 备注： | | | | | | | |

**二、交货时间、地点、方式及风险承担**

2.1 交货时间：_____。

2.2 交货地点及方式：_____。

2.3 本合同项下的货物由乙方送至甲方指定的交货地点后,经甲方验收合格,并办理书面验收手续后,该货物的毁损、灭失的风险由供方转移至需方。

**三、运输费用承担：**

3.1 乙方负责汽车运输至甲方施工现场指定地点,乙方负责卸车。

3.2 材料的装卸、运输、过磅由乙方负责,费用由乙方承担,费用按_____元/吨(一般为30~40元,因不同项目情况有变化),与货款一并结算。

**四、质量要求、技术标准、品牌及乙方对质量负责的条件和期限**

4.1 按国家标准执行：线材质量要求符合国家标准 GB/T701—1997,螺纹钢材质符合国家标准 GB1499—1998。

4.2 乙方供货时,随车必须提供乙方加盖公章的质量证明文件四份。

4.3 乙方必须保证所供钢材为合格产品。

五、包装标准、包装物的供应与回收：无

六、钢材计量方法

在招标时明确,可采取以下三种方式之一:

6.1 盘圆、φ14以下螺纹钢按过磅计重,过磅单上必须由双方人员签字,φ14及以上螺纹钢按点支计重,最终以工地实际签收数量为准。

6.2 盘圆按过磅计重,螺纹钢点支,最终以工地实际签收数量为准。

6.3 盘圆、螺纹钢均按过磅计重,最终以工地实际签收数量为准。

七、验收标准、方法及提出异议期限

甲方指定委派_____(甲方验收人员的更改需提前三天以书面形式告知乙方),1名现场施工员和1名领导班子共同对货物的质量和数量进行验收,并开具收货单给乙方;同时对钢材质量文件进行签收。

螺纹钢9m或12m定尺交货(按甲方计划要求)。

甲方验收后对乙方钢材质量有异议时,可随时对所供钢材进行抽样送检,若发生质量问题除由乙方负责组织无条件退货外,乙方应全部承担由此造成甲方的损失。

甲方提出异议的期限为抽样送检后检测单位出具检测报告的10天内。

八、货款结算及支付方式

一般为按月结算,根据项目情况亦可采用节点结算方式:

上月26日至当月25日为一个结算期,供需双方月底办理结算,乙方向甲方提供当批次全额有效税务发票,甲方在次月15日前支付本结算期货款的__%。余款在甲方通知乙方完成供货后__个月内分__次付清。

甲方以银行转账方式支付货款,不接收供货方的委托付款。乙方必须出具有效的税务发票给甲方。

九、违约责任

9.1 乙方必须保质保量及时组织钢材进场,因乙方供货不及时造成甲方停工待料而造成的损失由乙方承担。

9.2 甲方应按时支付乙方的货款,若甲方资金暂时不能到位,双方可协商延期支付,如延期超过_____天,延期支付的资金,由甲方按贷款利率和延期时间向乙方支付利息。

9.3 乙方应在甲方送货计划指定的时间内将货物送达到甲方指定的地点,每延迟一天乙方按货款的__%向甲方支付违约金。超过____天,甲方有权解除合同。

十、环境、职业健康安全要求

10.1 乙方对运货物的车辆严格要求,消除安全隐患。对车辆尾气排放量超标的禁止使用,货运车辆出工地大门,必须经过清洗,确保车路整洁、轮胎无泥。如未按甲方要求清洗车辆,造成市内管理部门罚款,其费用由乙方自行承担。

10.2 甲方负责对施工环境中存在的废气、噪音、扬尘、辐射等制定相应措施,确保进场作业人员符合劳动法规要求的作业环境。

十一、解决合同纠纷方式

11.1 向有管辖权的人民法院起诉。

十二、双方其他约定事项

12.1 甲方有权根据乙方的供货能力和履约能力或项目实际情况增加或重新选择材料供

应商,乙方必须无条件接受,乙方不承担违约责任。

12.2 乙方必须保证所供材料为合格产品,如验收不符合计划或合同要求或经检验产品质量不合格,乙方必须无条件接受退货处理,并承担由此发生的费用。

12.3 合同签订时,乙方须提交营业执照、税务登记证等证件的复印件给甲方,并加盖公章。

12.4 如需担保,另立合同担保书作合同附件。

12.5 本合同签订后,如甲乙双方需要提出修改时,经双方协商一致后,可以签订补充协议,作为本合同的补充合同,该补充合同同样具有法律效力。

十三、本合同双方签字盖章后生效,该合同一式____份,甲方执____份,乙方执____份,均具有同等法律效力

甲方单位名称(章):　　　　　　　　乙方单位名称(章):
单位地址:　　　　　　　　　　　　　单位地址:
法定代表人:　　　　　　　　　　　　法定代表人:
委托代理人:　　　　　　　　　　　　委托代理人:
电话:　　　　　　　　　　　　　　　电话:
开户银行:　　　　　　　　　　　　　开户银行:
账号:　　　　　　　　　　　　　　　账号:
税号:　　　　　　　　　　　　　　　税号:
邮编:　　　　　　　　　　　　　　　邮编:

合同签订地点:_____　　　　　　合同签订时间:__年__月__日

## 四、任务评价

**1.任务评价表**

完成以上任务,填写任务评价表,见表6-1。

表6-1 任务评价表

| 考核项目 | 分数 | | | 学生自评 | 小组互评 | 教师评价 | 小计 |
| --- | --- | --- | --- | --- | --- | --- | --- |
| | 差 | 中 | 好 | | | | |
| 合同格式是否正确、措辞是否严谨 | 8 | 10 | 13 | | | | |
| 合同内容是否完整、有效 | 8 | 10 | 13 | | | | |
| 工作过程安排是否合理、规范 | 8 | 16 | 26 | | | | |
| 陈述是否完整、清晰 | 7 | 10 | 12 | | | | |

续表 6-1

| 任务评价表 | | | | | | | |
|---|---|---|---|---|---|---|---|
| 考核项目 | 分数 | | | 学生自评 | 小组互评 | 教师评价 | 小计 |
| | 差 | 中 | 好 | | | | |
| 是否正确灵活运用已学知识 | 7 | 10 | 12 | | | | |
| 是否积极参与活动 | 7 | 10 | 12 | | | | |
| 是否具备团队合作精神 | 7 | 10 | 12 | | | | |
| 总计 | 52 | 76 | 100 | | | | |
| 教师签字: | | | | 年　月　日 | | 得分 | |

**2. 自我评价**

(1)完成此次任务过程中存在哪些问题?
_____
_____

(2)产生问题的原因是什么?
_____
_____

(3)请提出相应的解决问题的方法。
_____
_____

(4)你认为还需要加强哪些方面的指导(实际工作过程及理论知识)?
_____
_____

## 五、拓展思考问题

1. 无效的采购合同和可撤销的采购合同怎么区分?
2. 物资采购合同的格式是固定不变的吗?

## 任务 6.2　采购合同的管理

## 一、任务描述

采购合同的编制、签订只是完成了合同管理的第一步工作,后续还有诸如合同履行、跟踪管理、合同的变更、终止等大量的工作要做。合同履行情况的好坏,不仅关系到企业经营活动的顺利进行,而且关系到企业的声誉和形象。因此,加强合同管理,有利于树立良好的企业形象。只有做好这个阶段的管理工作,才有可能成功锁定谈判成果,避免后期纠纷、甚至索赔事件的发生。

## 二、学习目标

1. 理解采购合同正确履行的含义、意义；
2. 熟悉合同履行督导的一般规定、方式、要点；
3. 熟悉合同执行、修改、取消、终止的相关规定。

## 三、任务实施

### (一)任务引入、学习准备

 引导问题

(1)什么是物资采购合同的履行、督导？
_____
_____

(2)什么是合同的执行、交货期？影响交货期的因素主要有哪些？如何改善？
_____
_____

(3)什么是采购合同的终止、修改？
_____
_____

### (二)实施任务

以任务6.1为基础,小组讨论各自编制的合同要顺利执行,必须要做哪些督导工作？督导工作的要点是什么？并且形成书面性的东西。

### (三)任务知识点

**1. 采购合同的履行**

订立采购合同的目的是让买卖双方的行为都受到一定的约束,以保护双方的利益不受侵害。一份好的采购合同对双方都是平等的、公平的。

(1)采购合同履行的一般规则。

采购合同生效后,当事人就质量、价款、履行期限和地点等内容没约定或约定不明确的,可以签补充协议；不能达成补充协议的,按照合同有关条款或者交易习惯仍不能确定的,适应下列规定：

①质量要求不明确的,按照国家标准、行业标准履行；没有国家标准、行业标准的,按照通用标准或者符合合同目的特定标准履行。

②价款或者报酬不明确的,按照订立合同时的市场价格履行；依法应当执行政府定价或者政府指导价的,按照规定履行。

③履行地点不明确的,在履行义务一方所在地履行。

④履行期限不明确的,债务人可以随时履行,债权人也可以随时要求履行,但应当给对方必要的准备时间。

⑤履行方式不明确的,按照有利于实现合同目的的方式履行。

⑥履行费用的负担不明确的,由履行义务一方负担。

(2)采购合同标的权属转移。

①标的物权属的种类。具体如下:

A.出卖人对标的物享有所有权。在这种情况下,出卖人即是标的物的所有人,对标的物具有合法正当的处分权,可以出卖标的物。但在某些情况下,所有权也受到一定的限制,使所有人不能自由地处分其财产。例如,当所有权人以自己的财产设立了抵押权后再出卖该财产(即抵押物),必须依法通知抵押权人,否则出卖行为无效;如出卖价格明显低于抵押物价值,抵押权人可以要求抵押人提供相应的担保,抵押人不提供的,不得转让抵押物。

B.出卖人对标的物享有处分权。这是指当所有权人允许他人对其所有的标的物进行处分时,被允许的他人便享有标的物的处分权。例如,法律上规定的信托人、抵押权人、质押权人、留置权人和人民法院等,都有权依法出售享有处分权的财产。

②标的物的交付时间。标的物的所有权何时转移,是采购合同的一个核心问题。它常常关系到风险责任的承担、保险利益的归属以及双方当事人应依法采取何种补救措施等。对此,《合同法》第一百三十三条规定:"标的物的所有权自标的物交付时转移,但是法律另有规定或者当事人另有约定的除外。"具体地说,采购合同标的物的交付时间,应按照下列规定处理:

A.送货标的物的交付时间。卖方负责标的物送货的,应以卖方将标的物送到指定地点交买方接收的时间为标的物的交付时间。此时,标的物所有权随之转移。

B.代运代邮标的物的交付时间。卖方代办运输或代邮的,卖方办理完托运或邮寄手续时为标的物的交付时间。

C.提货标的物的交付时间。买方自己提货的,应以卖方通知和买方提货的实际日期为标的物的交付时间。

D.事先占有标的物的交付时间。标的物在订立合同之前已为买方占有的,双方在合同中约定的交付时间即为标的物的交付时间。如果合同没有约定,合同生效即视为标的物的交付完成。

E.必须履行特定手续的标的物的交付时间。法律要求必须履行特定手续的,以履行完特定手续时为标的物的交付时间。

③标的物的交付地点。《合同法》第一百四十一条规定,确定采购合同的交付地点,应按照下列步骤进行:

A.当事人在合同中有约定的,依其约定。

B.当事人未约定或约定期不明确的,可以协议补充。

C.达不成补充协议的,当事人可以根据合同的有关条款或记忆习惯确定交付地点。

D.按照以上方法均不能确定交付地点的,如标的物需要运输的,以卖方将标的物交给第一承运人的地点为交付地点。

按照以上方法均不能确定交付地点,且合同标的物不需要运输的,如果当事人在订立合同时知道标的物在某一地点,则以订立合同时卖方营业地为交付地点。

(3)标的物质量、数量、包装条款的履行。

①标的物质量条款的履行。关于标的物的质量履行,应首先以当事人在合同中的约定为准。另外,卖方的产品介绍、产品说明书等,均构成对标的物的质量明示担保,如果实际交付的标的物与这些说明不符,即构成违约。

如果当事人对标的物质量要求未约定或约定不明确的,应按照采购合同履行的一般规则履行。

②标的物数量条款的履行。在采购合同的履行中,卖方多交付标的物的,买方可以有两种处理办法:第一种办法是接受卖方多交付的标的物,此时买方应当按照合同约定的价格支付多交付标的物的货款;第二种办法是拒绝接收卖方多交付的标的物,此时买方应及时通知卖方。

③标的物包装条款的履行。当事人应在合同中对标的物的包装要求作出明确规定,没有约定或约定不明确的,可以补充协议,达不成补充协议的,按照交易习惯来确定。仍不能确定的,卖方有义务提供通用的包装方式,没有统一包装方式的,卖方有义务提供足以保护标的物的包装方式,如因卖方提供的包装不符合要求而导致标的物受到损坏的,卖方应承担责任。

**2. 履行采购合约的督导**

(1)履约督导的一般规定。

①为了使供应商能如期交出合格品质、数量的产品,在签约后需要进行督导。

②履约督导要由验收单位或技术人员督办。

③督导发现问题应立即要求供应商改进,否则请采购单位采取补救措施。

④对于特殊采购方案的采购,如紧急采购、大宗采购、精密设备采购等要加强督导。

(2)履约督导方式。

①整体督导。整体督导是指自生产开始至交货验收为止,买方派专人进行督导。

②重点督导。重点督导是指视合约需要,到达供应商工厂做抽样检查或检查合约内的规定及要求事项。

(3)国内采购对制造商履约督导的要点。

①物料准备是否充分,不足者有无补充计划。

②设备工具是否齐全。

③生产计划与合同所列出的品名、规格、数量是否相符。

④预定生产进度的安排是否妥当,是否配合合同的交货期。

**3. 合同执行**

(1)交货期的概念。

交货期是指卖方将货物装上运往目的地(港)的运输工具或交付承运人的日期,习惯上称为"装运期"。

(2)影响交货期的主要原因。

①供应商不能按时交货的原因。主要包括超过产能或制造能力不足、转包不善、缺乏责任感、制造过程或品质不良、材料欠缺、报价错误等。

②买方造成供应商延迟交货的原因。主要包括采购时间不足、规格临时变更、生产计划不准确、紧急订购、催货不积极、技术指导不利于低价订购等。

③其他因素。其他因素包括战争、罢工或停工、自然灾害、经济因素、政治或法律因素等。

**4. 交货期管理原则**

(1)事前规划。

确定交货期、了解供应商生产能力、卖方提高生产日程及交货时间、给予供应商合理的交货时间、了解供应商物流管理及生产管理能力、准备替代来源。

(2)事中执行。

了解供应商备料情况、提高必要的材料或技术支持、了解供应商生产效率、加强交货前的催促工作、交货期及数量变更的通知、买方尽量减少规格变更。

(3)事后考核。

对迟交货原因进行分析、与供应商交换意见、提出改进要求、检讨是否必须更换供应商、选择优良供应商签订长期合同。

**5. 交货期改善的方法**

(1)在供应链中更好地相互沟通。

(2)通过谈判降低供应商的交货时间。

(3)明确期望的交货期。

(4)应用 ERP 管理与供应商达到信息共享。

(5)将交货期管理纳入供应商测评管理内容。

**6. 采购合同的修改**

(1)作业错误而经调原始资料可予证实。

合同签订后,如果发现作业错误而需加以更正时,需以原始技术资料为准而经买卖双方协商同意后加以修改,并将修改情况通知相关单位。

(2)生产条件的改变导致卖方无法履约。

由于合同履行督导期间发现因生产条件的改变,判定卖方不能履行,但在物料的供应上不能终止合同或解约,重新订购无法应急时,买方可以协商适度地修改原合同后要求卖方继续履行合同。

(3)以成本计价签约而价格修改有修订的必要。

以成本价格鉴定的合约,由于成本的改变并在超过合同价格以不再改变为原则,但是如有下列情况可以协商加以修改:

①由于生产物料的暴跌致使卖方获取暴利时,可以协商修订价格。

②由于生产物料的暴涨致使卖方履约交货困难,解约重购对买卖双方不利时,可以协商修订价格。

**7. 采购合同的取消**

(1)违约的取消。

①卖方不履行合同。例如,交货的规格不符、不按时交货,其违约的原因可能是故意、无能力履行或其他无法控制的因素所造成。

②买方的违约。例如,不按时签发信用证而取消合约。

(2)为买方方便而取消。例如,买方由于利益或其他原因不愿接受合同的物料而取消合同,此时卖方可要求买方赔偿其所遭受的损失。

(3)双方同意取消合约。在发生不可抗力的情形下,双方同意取消合同。

8.采购合同的终止

(1)采购合同终止的时机。

在履行合同期间,因受天灾人祸或其他不可抗力的因素,使供应商丧失履约能力时,买卖双方均可要求终止合同。

有以下情况时,买方可要求终止合同:

①发现卖方报价不实,买方可要求终止合同。

②有严重损害国家利益的。

③在履行督导时,发现严重缺点,经要求改善而无法改进以致不能履行合同。

④有违法行为并经查证属实者。

(2)合同终止的赔偿责任。

①因需要变更而由买方要求终止合约者,卖方因而遭受的损失,由买方负责赔偿;

②因卖方不能履行合同,如果属于天灾人祸或不可抗力因素所引起的,买卖双方都不负赔偿责任。但如果卖方不能履行合同是人为因素,买方的损失由卖方负责赔偿。

③因特殊原因而导致合同终止的,买卖双方应负何种程度的赔偿责任,除合同中另有规定外,应会同有关单位及签订双方共同协商解决,如无法达成协议时则可采取法律途径解决。

(3)国内采购合同终止的程序。

买方验收单位根据规定终止合同时,应立即通知卖方,并在通知书上说明合同终止的范围及生效的日期。

合同终止责任如属买方时,卖方在接获合同终止通知书后,可在60天内申请赔偿。如卖方未能在规定的时间提出请求,则买方依情况决定是否给予卖方赔偿。

合同终止责任如属卖方时,买方应在接获合同终止通知书后,在规定时间内要求卖方履行赔偿责任。如果终止合同仅为原合同的一部分时,对于原合同未终止部分应该继续履行。

卖方获取通知后,应立即按下列程序办理:

①依照买方终止合同通知书所列范围与日期停止生产。

②除了完成未终止合约部分的工作的所需外,不再继续进料、雇工等。

③对于合约内被终止部分有关工作的所有订单及分包合约,应立即终止。

④对于卖方对他人的订单及分包合同终止所造成的损失,可按终止责任要求赔偿。

⑤对于终止合同之前已生产的各种成品、半成品及有关合同的图样、资料,依照买方要求送到指定的地点。

(4)国际采购合同终止的程序。

采购合同规定以收到信用证为准,并规定在收到信用证以后多少日起为交货日期,由于其在签发信用证以前尚未具体生效,此时不论买卖双方是否要求终止合同,可以直接通知对方而不负任何赔偿责任。

信用证有效日期已过而卖方未能在有效日期内装运并办理押汇时,买方可以不同意延长信用证日期而终止合同,此时买方不负有任何赔偿责任。

如果在交货期中终止合同时,除合同另有规定外,合同的终止需经买卖双方协商同意后方可生效,否则可视实际责任要求对方负责赔偿。

## 四、任务评价

**1. 任务评价表**

完成以上任务,填写任务评价表,见表6-2。

表6-2 任务评价表

| 考核项目 | 分数 | | | 学生自评 | 小组互评 | 教师评价 | 小计 |
|---|---|---|---|---|---|---|---|
| | 差 | 中 | 好 | | | | |
| 履约督导工作是否细致可行 | 8 | 10 | 13 | | | | |
| 合同的终止、取消、执行是否把握准确 | 8 | 10 | 13 | | | | |
| 工作过程安排是否合理、规范 | 8 | 16 | 26 | | | | |
| 陈述是否完整、清晰 | 7 | 10 | 12 | | | | |
| 是否正确灵活运用已学知识 | 7 | 10 | 12 | | | | |
| 是否积极参与活动 | 7 | 10 | 12 | | | | |
| 是否具备团队合作精神 | 7 | 10 | 12 | | | | |
| 总计 | 52 | 76 | 100 | | | | |
| 教师签字: | | | | 年 月 日 | | 得分 | |

**2. 自我评价**

(1)完成此次任务过程中存在哪些问题?
_____
_____

(2)产生问题的原因是什么?
_____
_____

(3)请提出相应的解决问题的方法。
_____
_____

(4)你认为还需要加强哪些方面的指导(实际工作过程及理论知识)?
_____
_____

## 五、拓展思考问题

1. 试述合同履约督导的重要意义。
2. 试述合同执行的注意事项。

## 任务6.3 采购合同纠纷的解决、索赔的处理

### 一、任务描述

采购合同在履行过程中由于各种各样的原因,难免出现纠纷乃至索赔,作为一名采购人员要会正确处理纠纷和索赔,通过合法途径保护企业自身的利益或者使企业的损失降至最低。

### 二、学习目标

1. 掌握采购合同纠纷的解决办法;
2. 熟悉处理采购合同索赔的途径;
3. 熟悉采购合同的法律关系。

### 三、任务实施

#### (一)任务引入、学习准备

 引导问题

(1)什么是采购合同的法律关系?合同争议如何理解?
____
____

(2)一般情况下合同纠纷的解决办法有哪些?
____
____

(3)采购合同索赔程序是怎样的?
____
____

#### (二)实施任务

建设单位:橄榄城五号院第二项目部
施工方:省一建
钢材供应商:郑州某贸易有限公司

一建和郑州某贸易公司于2011年12月12日签订钢材买卖合同。约定了钢材买卖种类以及付款时间为垫资300万元后的第60天内付款。从2011年12月12日开始,至2012年4月14日,公司向一建提供钢材约2000t,但一建未按合同约定付款。

合同履行过程中,一建发现钢材存在质量问题,经过多家具有检测资质的检测机构检测证实,公司提供的大约1000t钢材中不同程度的存在质量问题。送检钢筋检测结果是有6种钢材不符合国家的相关规范,质量上存在较大的偏差,并查得公司对不合格钢筋提供的钢筋质量说明书和标牌系伪造,不是安钢所出,系假冒伪劣产品。

2012年4月28日,省一建会同监理、建设单位形成一致意见,把场地内库存钢筋退货,7、8、9号楼部分已施工的钢筋拆除退场。就此,该次钢筋不合格一事,还造成了一建停工18天,劳务分包队伍向一建索赔误工费、机械租赁费、周转材料租赁费及摊销费、劳务管理人员工资、管理费、钢筋拆除费、返工费、机械使用费等共计260万元。

与此同时,地产开发公司也向甲方发出通知函,要求:甲方拆除已使用的不合格钢筋,不合格钢筋全部退场,承担本次所发生的检测费用,更换不负责任的实验室和钢筋供应商,后续工程所用钢筋由开发商另行委托检测,费用由一建承担,且依据施工合同约定,一建应承担工期逾期违约金3060万元。

2012年10月10日,郑州某贸易有限公司向中原区法院提出诉讼,请求法院判令一建支付欠款724万。

问题:

1. 省一建应如何回应?

2. 省一建的责任和义务是什么?郑州某贸易有限公司的责任是什么?

3. 针对不合格的钢筋以及郑州某贸易有限公司提供虚假的钢筋质量说明书和标牌,该如何处理?

4. 本案例中涉及哪些法律依据?

## (三)任务知识点

### 1. 采购合同的法律关系

(1)采购合同的主体又称为合同的当事人,包括出卖人和买受人。

(2)采购合同的内容是指出卖人的权利和买受人的义务,出卖人对标的物享有所有权和处分权,买受人负有向出卖人支付价款的义务。

(3)客体的内涵,在民法学界有人认为其内涵是物,有人认为其内涵是行为。

### 2. 采购合同的争议与解决方式

采购合同的纠纷是由于违反采购合同的责任,即违约责任引起的。违约责任是指当事人一方不履行合同义务或者履行合同义务不符合约定,应当承担继续履行、采取补救措施,或者补偿损失等违约责任。违约责任必须是由于违约当事人的过错,致使合同规定的义务不履行或不能完全履行,违约方应承担相应的违约责任。违约责任主要有以下四种行为:

① 当事人有不履行合同义务的行为。

② 当事人有过错。

③ 当事人的违约行为给对方造成损失。

④ 守约方的损失与违约方的行为有因果关系。

根据我国《合同法》第437条的规定,解决合同纠纷共有4种方式。一是用协商的方式,自行解决,这是最好的方式;二是用调解的方式,由有关部门帮助解决;三是用仲裁的方式由仲裁机关解决;四是用诉讼的方式,即向人民法院提起诉讼以寻求纠纷的解决。接下来对这 4 种方式分别作详细介绍。

(1) 和解。

当事人自行协商解决合同纠纷,是指合同纠纷的当事人,在自愿互谅的基础上,按照国家有关法律、政策和合同的约定,通过摆事实、讲道理,以达成和解协议,自行解决合同纠纷的一种方式。合同签订之后,在履行过程中,由于各种因素的影响容易产生纠纷,有了纠纷怎么办,应当从有利于维护团结、有利于合同履行的角度出发,怀着互让、互谅的态度,争取在较短的时间内,通过协商求得纠纷的解决。对于合同纠纷,尽管可以用仲裁、诉讼等方法解决,但由于这样解决不仅费时、费力、费钱财,而且也不利于团结,不利于以后的合作与往来。而用协商的方式解决,程序简便,及时迅速,有利于减轻仲裁和审判机关的压力,节省仲裁、诉讼费用,可以有效地防止经济损失的进一步扩大。同时也有利于增强纠纷当事人之间的友谊,有利于巩固和加强双方的协作关系,扩大往来,推动经济的发展。由于这种处理方法好,在涉外经济合同纠纷的处理中,它也相当盛行。

合同双方当事人之间自行协商解决纠纷,应当遵守以下原则:一是平等自愿原则。不允许任何一方以行政命令手段,强迫对方进行协商,更不能以断绝供应、终止协作等手段相威胁,迫使对方达成只有对方尽义务,没有自己负责任的"霸王协议"。二是合法原则。即双方达成的和解协议,其内容要符合法律和政策规定,不能损害国家利益、社会公共利益和他人的利益。否则,当事人之间为解决纠纷达成的协议无效。

发生合同纠纷的双方当事人在自行协商解决纠纷的过程中,应当注意以下问题:第一,分清责任是非。协商解决纠纷的基础是分清责任是非,当事人双方不能一味地推卸责任,否则,不利于纠纷的解决。如果双方都以为自己有理,责任在对方,则难以做到互相谅解和达成协议。第二,态度端正,坚持原则。在协商过程中,双方当事人既互相谅解,以诚相待、勇于承担各自的责任,又不能一味地迁就对方,进行无原则的和解。尤其是对在纠纷中发现的投机倒把,行贿受贿,以及其他损害国家利益和社会公共利益的违法行为,要进行揭发。对于违约责任的处理,只要合同中约定的违约责任条款是合法的,就应当追究违约责任,过错方应主动承担违约责任,受害方也应当积极向过错方追究违约责任,决不能以协作为名,假公济私,慷国家之慨而中饱私囊。第三,及时解决。如果当事人双方在协商过程中出现僵局,争议迟迟得不到解决时,就不应该继续坚持协商解决的办法,否则会使合同纠纷进一步扩大,特别是一方当事人有故意的不法侵害行为时,更应当及时采取其他方法解决。

(2) 调解。

合同纠纷的调解,是指双方当事人自愿在第三者(即调解的人)的主持下,在查明事实、分清是非的基础上,由第三者对纠纷双方当事人进行说明劝导,促使他们互谅互让,达成和解协议,从而解决纠纷的活动。调解有以下三个特征:

第一,调解是在第三方的主持下进行的,这与双方自行和解有着明显的不同。

第二,主持调解的第三方在调解中只是说服劝导双方当事人互相谅解,达成调解协议而不是作出裁决,这表明调解和仲裁不同。

第三,调解是依据事实、法律和政策,进行合法调解,而不是不分是非,不顾法律与政策"和稀泥"。

发生合同纠纷的双方当事人在通过第三方主持调解解决纠纷时,应当遵守以下原则:

第一，自愿原则。自愿有两方面的含义：一是纠纷发生后，是否采用调解的方式解决，完全依靠当事人的自愿。调解不同于审判，如果纠纷当事人双方根本不愿用调解方式解决纠纷，那么就不能进行调解。二是指调解协议必须是双方当事人自愿达成。调解人在调解过程中要耐心听取双方当事人的相关人的意见，在查明事实、弄清是非的基础上，对双方当事人进行说服教育，耐心劝导，晓之以理，动之以情，促使双方当事人互相谅解，达成协议。调解人既不能代替当事人达成协议，也不能把自己的意志强加给当事人。如果当事人对协议的内容有意见，则协议不能成立，调解无效。

第二，合法原则。根据合法原则的要求，双方当事人达成协议的内容不得同法律和政策相违背，凡是有法律、法规规定的，按法律、法规的规定办理；法律、法规没有明文规定，应根据党和国家的方针、政策，并参照合同规定和条款进行处理。

根据国家有关的法律和法规的规定，合同纠纷的调解，主要有以下3种类型：

①行政调解。行政调解，是指根据一方或双方当事人的申请，当事人双方在其上级业务主管部门主持下，通过说服教育，自愿达成协议，从而解决纠纷的一种方式。对于企业单位来说，有关行政领导部门和业务主管部门，是下达国家计划并监督其执行的上级领导机关，他们一般比较熟悉本系统各企业的生产经营和技术业务等情况，更容易在符合国家法律、政策或计划的要求下，具体运用说服教育的方法，说服当事人互相谅解，达成协议；如果当事人属于同一业务主管部门，则解决纠纷是该业管主务部门的一项职责，在这种情况下，当事人双方也容易达成协议；如果当事人双方分属不同的企业主管部门，则可由双方的业务主管部门共同出面进行调解。例如，按照《全民所有制工业企业转换经营机制条例》规定，国家根据需要，有权向企业下达指令性计划。企业执行计划，有权要求在政府有关部门的组织下，与需方企业签订合同，或者根据国家规定，要求与政府指定的单位签订国家订货合同。对于这种因执行计划而发生的合同纠纷，由业务主管部门出面调解，说明计划的变更情况等，这样对方当事人能够比较容易接受，也比较容易达成调解协议。同时应当注意合同纠纷经业务主管部门调解，当事人双方达成调解协议的，要采用书面形式写成调解书，以作为解决纠纷的依据。

②仲裁调解。仲裁调解，是指合同当事人在发生纠纷时，依照合同中的仲裁条款或者事先达成的仲裁协议，向仲裁机构提出申请，在仲裁机构主持下，根据自愿协商，互谅互让的原则，达成解决合同纠纷的协议。根据我国《仲裁法》的有关规定，由仲裁机构主持调解形成的调解协议书与仲裁机构所作的仲裁裁决书具有同等的法律效力。生效后具有法律效力，一方当事人如果不执行，另一方可以向人民法院提出申请，要求对方执行，对方拒不执行的，人民法院可以依照生效的调解协议书强制其执行。

③法院调解。法院调解，又称为诉讼中的调解，是指在人民法院的主持下，双方当事人平等协商，达成协议，经人民法院认可后，终结诉讼程序的活动。合同纠纷起诉到人民法院之后，在审理中，法院首先要进行调解。用调解的方式解决合同纠纷，是人民法院处理合同纠纷的重要方法。在人民法院主持下达成调解协议，人民法院据此制作的调解书，与判决具有同等效力。调解书只要送达双方当事人，便产生法律效力，双方都必须执行，如不执行，另一方当事人可以向人民法院提出申请，要求人民法院强制执行。根据《民事诉讼法》的规定，人民法院进行调解也必须坚持自愿、合法的原则，调解达不成协议或调解无效的，应当及时判决，不应久调不决。

(3)仲裁。

仲裁，也称公断。合同仲裁，即由第三者依据双方当事人在合同中订立的仲裁条款或自愿达成的仲裁协议,按照法律规定对合同争议事项进行居中裁断,以解决合同纠纷的一种方式。仲裁是现代世界各国普遍设立的解决争议的一种法律制度,合同争议的仲裁是各国商贸活动中通行的惯例。

根据我国《仲裁法》规定,通过仲裁解决的争议事项,一般仅限于在经济、贸易、海事、运输和劳动中产生的纠纷。如果是因人身关系和与人身关系相联系的财产关系而产生的纠纷,则不能通过仲裁解决;而且依法应当由行政机关处理的行政争议,也不能通过仲裁解决。

①仲裁的类型。

就一国范围内的经济贸易仲裁来说,大致有以下3种类型:

A. 民间仲裁。民间仲裁是指按照法律规定,经双方当事人约定,在发生经济纠纷地,由双方选择约定的仲裁人或数人进行仲裁,仲裁人的仲裁决定,对当事人来说,同法院的判决有同等的效力,如果一方当事人不予遵守,向法院提起诉讼时,对方可以请求法院驳回原告的诉讼;如果一方当事人不履行仲裁决定,对方当事人有权向法院申请强制执行。

B. 社会团体仲裁。社会团体仲裁,即当事人的双方约定,对于现在或者将来发生的一定经济纠纷,由社会团体内所设立的仲裁机构进行仲裁,这种仲裁裁决,同样具有法律效力,广义上的民间仲裁,包括这种仲裁在内。

C. 国家行政机关仲裁。国家行政机关仲裁,即对国家经济组织之间的经济纠纷,由国家行政机关设置一定的仲裁机构进行仲裁,而不由司法机关进行审判。

②合同仲裁的特点。

合同仲裁有以下几个特点:第一,合同仲裁是合同双方当事人自愿选择的一种方法,体现了仲裁"意思自治"的性质。即合同纠纷发生后,是否通过仲裁解决,完全要根据双方当事人的意愿决定,不得实行强制。如果一方当事人要求仲裁,而另一方当事人不同意,双方又没有达成仲裁协议,则不能进行仲裁。另外,仲裁地点、仲裁机构以及需要仲裁的事项,也都需根据双方当事人的意志在仲裁协议中自主选择决定。第二,合同纠纷仲裁中,第三者的裁断具有约束力,能够最终解决争议。虽然合同纠纷的仲裁是由双方当事人自主约定提交的,但是仲裁裁决一经作出,法律即以国家强制力来保证其实施。合同纠纷经济仲裁作出裁决后,即发生法律效力,双方当事人都必须执行,如果一方当事人不执行裁决,对方当事人则有权请求法院予以强制执行。第三,合同纠纷的仲裁,方便、简单、及时、低廉。首先,我国合同仲裁实行一次裁决制度,即仲裁机构作出的一次性裁决,为发生法律效力的裁决,双方当事人对发生法律效力的仲裁都必须履行,不得再就同一案件起诉。因为当事人自主、自愿协议选择仲裁来解决合同纠纷,就意味着当事人对于仲裁机构和裁决的信任,就应当服从并积极履行仲裁裁决。其次,仲裁可以简化诉讼活动的一系列复杂程序和阶段。例如起诉、受理、调查取证、调解、开庭审理、当事人的双方进行辩论及提起上诉等程序上的规定,这些往往是要花费数月或更长的时间,会加重当事人的负担。再次,合同纠纷仲裁的收费也比较低。所以它和诉讼相比,具有方便、简单、及时、低廉的特点。合同纠纷当事人双方通过仲裁解决纠纷时,还应当遵守一定的原则。

③仲裁的基本原则。

规范仲裁程序的基本原则主要有:

A. 当事人自愿原则。《中华人民共和国仲裁法》第4条规定:"当事人采用仲裁方式解决仲裁纠纷,应当双方自愿、达成仲裁协议,没有仲裁协议,一方申请仲裁的,仲裁委员会不予受理。"具体来说,该原则主要表现在以下几个方面:第一,选择仲裁方式解决纠纷是以当事人自愿协议(表现为仲裁协议)为前提的。任何仲裁机构都不应受理未经自愿协议而提交仲裁的案件。而当事人一旦自愿达成选择以仲裁方式解决纠纷的协议,该协议不但对协议当事人,而且对人民法院也具有程序上的约束力,即当事人自愿达成的仲裁协议可以排斥法院的法定管辖权。第二,当事人要以自愿协议选择仲裁机构和仲裁地点,《中华人民共和国仲裁法》第6条规定:"仲裁委员会应当由当事人协商选定,仲裁不实行级别管辖和地域管辖。"这也是仲裁在某种意义上优越于诉讼之处,而且仲裁委员会的设立不按行政区域设立,有利于消除当前解决合同纠纷过程中不良的地方保护主义倾向。第三,当事人有权自愿选择审理案件的仲裁员。《中华人民共和国仲裁法》第31条规定:"当事人约定由3名仲裁员组成仲裁庭的,应当各自选定或者各自委托仲裁委员会主任指定一名仲裁员。"被选定的仲裁员行使的仲裁权并非来源于国家的司法权力或行政权力,而是来自当事人的自愿委托。因此,它能很好地解决合同纠纷。第四,当事人有权约定仲裁事项。对于合同纠纷来说,就是双方当事人认为最需要解决的那部分争议。当然,这种需要必须双方认识一致,才能在仲裁协议中约定出仲裁事项。

B. 仲裁的独立性原则。《中华人民共和国仲裁法》第8条规定:"仲裁依法独立进行,不受行政机关、社会团体和个人的干涉。"从整个仲裁法的精神来看,该原则主要表现为仲裁机构的独立性和仲裁员办案的独立性这两个方面。

C. 仲裁一裁终局的原则。《中华人民共和国仲裁法》第9条第一款规定:"仲裁实行一裁终局的制度。裁决作出后,当事人就同一纠纷再申请仲裁或者向人民法院起诉的,仲裁委员会或者人民法院不予受理。"这主要是从仲裁裁决的法律约束力来说的。第一,对合同双方当事人来说,仲裁裁决具有既判力。从形式上看,当事人不得对同一合同纠纷基于同一的事实和理由再次申请仲裁或者向法院起诉;从实质上看,当事人对争议的合同事实与法律问题不得再次争执,即合同争执已依仲裁程序法定地给予消除。第二,对仲裁庭来说,仲裁裁决不得擅自变更,一裁即终局。第三,对人民法院来说,对仲裁庭所裁决的合同关系无司法管辖权。

(4)诉讼。

合同在履行过程中发生纠纷后,解决争议的方式有4种:即当事人自行协商解决、调解、仲裁和诉讼。其中,仲裁方法由于比较灵活、简便,解决纠纷比较快,费用又比较低,所以很受当事人欢迎。但是,如果当事人一方不愿仲裁,则不能采用仲裁的方式,而只能采用诉讼的方式来解决双方当事人之间的争议。所以,诉讼是解决合同纠纷的最终形式。

所谓合同纠纷诉讼是指人民法院根据合同当事人的请求,在所有诉讼参与人的参加下,审理和解决合同争议的活动,以及由此而产生的一系列法律关系的总和。

它是民事诉讼的重要组成部分,是解决合同纠纷的一种重要方式。与其他解决合同纠纷的方式相比,诉讼是最有效的一种方式,之所以如此,首先是因为诉讼由国家审判机关依法进行审理裁判,最具有权威性;其次,裁判发生法律效力后,以国家强制力保证裁判的执行。

合同纠纷诉讼和其他解决合同纠纷的方式特别是和仲裁方式相比,具有以下几个特点:

①诉讼是人民法院基于一方当事人的请求而开始的,当事人不提出要求、人民法院不能依职权主动进行诉讼。当事人不向人民法院提出诉讼请求,而向其他国家机关提出要求保护其合法权益的,不是诉讼,不能适用民事诉讼程序予以保护。

②法院是国家的审判机关,它是通过国家赋予的审判权来解决当事人双方之间的争议的。审判人员是国家权力机关任命的,当事人没有选择审判人员的权利,但是享有申请审判人员回避的权利。

③人民法院对合同纠纷案件具有法定的管辖权,只要一方当事人向有管辖权的法院起诉,法院就有权依法受理。

④诉讼的程序比较严格、完整。例如,民事诉讼法规定,审判程序包括第一审程序、第二审程序、审判监督程序等。第一审程序又包括普通程序和简易程序。另外,还规定了撤诉、上诉、反诉等制度,这些都是其他方式所不具备的。

⑤人民法院依法对案件进行审理作出的裁判生效后,不仅对当事人具有约束力,而且对社会具有普遍的约束力。当事人不得就该判决中确认的权利义务关系再进行起诉,人民法院也不再对同一案件进行审理。负有义务的一方当事人拒绝履行义务时,权利人有权申请人民法院强制执行,任何公民、法人包括其他组织都要维护人民法院的判决,有义务协助执行的单位或个人应积极负责地协助人民法院执行判决,如果拒不协助执行或者阻碍人民法院判决的执行,行为人将承担相应的法律后果。以国家强制力作后盾来保证裁判的实现,也是诉讼形式有别于其他解决纠纷形式的一个显著的特点。

合同纠纷诉讼虽然属于民事诉讼,但它与其他民事诉讼相比,又有其自己的特征。

①合同纠纷诉讼的产生是合同当事人在履行合同的过程中,就权利义务关系发生了纠纷和争议,如果不是因合同的权利义务关系而发生纠纷和争议,就不是合同纠纷诉讼。

②合同纠纷诉讼具有广泛性、专业性和技术性。首先,合同纠纷诉讼涉及面广,在社会主义市场经济体制下,社会生产经营活动过程中所发生的绝大部分经济活动都要靠合同来规范和调整,由此而产生的纠纷都可以纳入合同纠纷诉讼的轨道。其次,大量的合同纠纷所涉及的问题具有很强的专业性和技术性,如技术合同纠纷、保险合同纠纷等,在处理这些纠纷过程中必然涉及很多的专业知识和技术知识。

**3.采购合同索赔处理的原则**

索赔处理的原则:

(1)必须以合同为依据。

(2)及时、合理地处理索赔,以完整、真实的索赔证据为基础。

(3)加强主动控制,减少索赔。

## 阅读材料

### 采购件索赔管理办法

**1.目的及适应范围**

本管理办法规定了本公司对供方进行质量索赔的项目、程序、申诉和裁决等内容。本管理办法中质量索赔为通用索赔准则。如与供方签订了质量协议,则具体按质量协议进行。无质量协议按本管理规定执行。

本办法适应于公司内所有外协件供方。

**2.定义**

(1)质量协议:与供方按照国家有关法律和标准规定签订的产品质量合约,是采购合同的一部分,也可独立签订质量协议,并具有同等法律效力。

(2)批量质量问题:同品名或同批次不合格采购产品的数量大于或等于交检数量的5%时,即为批量质量问题。

(3)质量损失:指因不合格所造成的损失,包括直接损失和附加损失(包括无形损失)。

3. 职责

(1)营销部:采购科对本管理办法进行归口管理,负责采购合同、质量协议的起草签订及进货产品质量信息的传递,负责不合格品索赔处理等工作。

(2)品管科:负责质量技术标准文件的确立、采购产品的进货检验及不合格品的处理仲裁,对不合格品具有最终裁决权。

(3)生产车间:负责提供因采购产品造成的停工/返工/返修记录,并组织实施不合格品的返工/返修工作,协助采购科进行不合格品的索赔工作。

(4)财务部:负责办理质量索赔费用的财务结算手续。

4. 程序

(1)公司各部门在处理采购不合格品时应遵循以下原则:

①采取应急措施,确保我公司生产延续性,使供需损失尽可能最小。

②采取纠正预防措施,确保同样的质量问题不重复出现。

③认真分析质量不合格原因,确定可能给主机厂和我公司造成的损失程序基础上,尽可能减少供需双方损失。

④对发现的不合格品,必须及时反馈、处理。

(2)质量索赔原则。

①不合格品证据,必须经供应商书面确认的原则。

②不合格品处理,应在考虑国内工艺水平及对主机厂损失程序基础上,尽可能减少供需双方损失的原则。

③在保证质量及生产进度基础上,尽量采取让步降价接受的原则。

④重复发生,加大赔偿比例的原则。

⑤特例原则。

(3)质量赔偿责任划分。

①进货检验时的不合格品:退货或现场挑选/返工/返修,全部损失(直接损失、附加损失)由供应商承担。

②对让步接收的产品,根据产品价值及不合格严重度,供应商承担5%~20%的损失赔偿,挑选/返工/返修费用由我公司负担,挑出不合格品退还给供应商并由供应商承担退货损失(退货运费及不合格品金额);对让步接收的产品,因我公司标志不清、记录、保管及仓储管理不善而造成的质量损失,由我公司相关部门负担;对非让步接收项目出现的质量损失由供应商承担;若因不合格品处理不当而造成额外损失,则由处理不当的责任供应商或部门承担。

③进货检验时判为合格的采购产品在生产的过程中,发现不合格品时的处理:

A. 有存储期、存储环境及防护要求的产品。如在进货检验时合格,因存放或存储环境防卫不当造成的产品不合格,由我公司负担损失。

B. 工艺更改、技术要求更改所造成的不合格品,由我公司负担损失。

C. 特例:为满足市场急需或为大幅降低成本等经公司特许生产所造成的非符合性质量损失,由我公司承担损失。

D. 除A、B、C三种情况外,所有生产过程中出现的不合格品损失全部由供方负责。

(4)质量赔偿的依据。

不合格品处理通知单、返工/返修通知单、停工记录单、检/试/化验报告、主机厂提供的不合格报告/索赔单、差旅费用单据等均可作为质量赔偿的依据。

(5) 质量索赔项目及标准。

① 质量索赔项目。

A. 质量损失：采购产品本身不合格及由不合格品所造成的其他产品的损失。

A = (不合格品×单价×数量＋相关产品报废数量×单价)×1.2

B. 附加损失：B = B1＋B2＋B3＋B4＋B5＋B6＋B7＋B8＋B9。

B1：返工(包括挑选)费＝不合格品数量×单件返工工时×10元/小时；

B2：辅助材料费＝返工/返修所消耗的辅助材料数×单价×1.2；

B3：停工损失费＝停工人数×停工时间×10元/小时·人；

B4：验证处理费：指处理不合格采购产品质量争议而进行验证、调查、取样、分析等发生的费用。按支付凭证如实计算。

B5：质量信誉损失费：因供应商责任发生质量损失事故或因采购产品质量引起主机厂严重投诉并影响我公司质量信誉，按质量事故或社会影响严重程度对供应商处以5000～50000元/次的罚款或取消供货资格。

B6：处理质量事故差旅费：为处理因供应商责任发生在主机厂内质量事故所发生的差旅费。

B7：用户索赔费：由于采购不合格品造成总成不合格，导致主机厂索赔所发生的费用。

B8：交付延期损失费：因供应商原因导致采购产品交付延期，且造成我公司生产秩序受影响时，按以下标准进行索赔(说明：采购周期以双方确认交货期为准，对少数采购周期的交付时间，不追究供应商延期责任)：

a. 导致缺件/缺陷下线而被迫调整生产计划，按500～3000元/次索赔。

b. 导致我公司发货延期，甚至招主机厂投诉，按1000～5000元/次索赔。

B9：总成件损失费：因供应商产品原因导致总成产品不合格，按总成成本价×1.5×不合格数计算，本项仅对重要零件有效。

② 让步接收。

A. 原则上让步接收根据不合格严重程度及产品价值作降价5%～20%处理。

B. 对新产品开发/新供应商开发量产确认前或为大幅度降低成本，在认可国内工艺水平基础上而出现不符合质量要求的不合格品，经物控部经理批准，允许让步接收而不降低单价。

C. 对让步接收的产品，供应商不再负担挑选工时/返工/返修等费用，但对在生产中挑出的有不可返修缺陷的不合格品，退给供应商并由供应商承担退货损失(退货运费及不合格品金额)。

如让步的产品在主机厂处发生不合格，则根据实际情况承担质量索赔项目中的B5，B6，B7，B8，B9项损失。

D. 对进货时检验判定为不合格品批，如不影响生产，可作退货处理，如我公司生产急需，供应商必须无条件接受我公司作让步接收并承担损失(降价损失及可能产生的B8项交付延期损失费)。

E. 让步接收需经供应商书面同意，供应商应在接到我公司让步接收通知2个工作日内作出回复，否则逾期回复作同意让步接收处理。

③进货检验时判为合格的采购产品在生产过程中发现不合格或在主机厂处发生不合格时处理。供应商负责直接损失 A 和附加损失 B，其中附加损失 B 项中的分项计算按实际发生的损失项计算。

在原则上，对供方不合格程度较轻的产品，为保证我公司延续性或简化索赔手续，可让步接收的，优先按让步接收规定做让步接收处理。

(6)质量协议的签订。

①品管科负责质量协议的起草与签订，质量协议需经总经理批准并盖章后生效实施，其中技术标准文件需经技术质量经理签名批准。

②质量协议是采购合同不可分割的部分，是我公司处理采购产品不合格品的依据，是采购合同的附件，具有法律效力。

③质量协议经签订后由采购科负责组织实施，品管科对外协件质量判定提出书面证据，对质量纠纷负责作最终裁决。

(7)质量索赔与申诉。

①质量索赔单据的办理与传递。

A. 因采购产品不合格在生产部门发现，或需生产部门返修、返工的，则由生产部门提出索赔，并提供相关证据，(返工/返修单等)交采购组，由采购科会同品管科取证并通知供应商，赔偿费用按本标准计算后，以"不合格品处理通知单"形式书面向供应商提出索赔。

B. 在进货检验时发现不合格品，由品管科以"不合格品通知单"形式通知采购组，采购组根据生产情况作退货、让步接收、返工、返修等处理，并根据本标准计算赔偿费用。

C. 所有不合格通知或反馈单必须在 1 个工作日内提交给采购组，并保留相关实物、证据等。

②供方在接到质量索赔单后，如有异议应在 2 个工作日内提出，并与采购科协商，否则视作同意处理。

③供方对质量判定有异议时，可书面向采购科提出，由采购科向公司品管科申请重新判定，必要时会同供应商一起进行。

④不合格品通知单由采购业务经办人提出，营销部部长审核，总经理批准，并经供方签名确认后生效。

⑤对质量赔偿责任划分中的第③条 B,C 款不合格品减免索赔，由采购业务经办人提出，营销部部长审批生效。

(8)质量索赔结算。

经办理完毕的不合格品通知单，正本原件交财务部保管，采购科以复印件存档。

所有质量赔款在货款中扣除，财务部开具 17% 增值税发票。

5. 质量记录

质量记录包括不合格品处理通知单、不合格品减免索赔通知单。

## 四、任务评价

1. 任务评价表

完成以上任务，填写任务评价表，见表 6-3。

表 6-3 任务评价表

| 考核项目 | 分数 | | | 学生自评 | 小组互评 | 教师评价 | 小计 |
| --- | --- | --- | --- | --- | --- | --- | --- |
| | 差 | 中 | 好 | | | | |
| 案例分析是否有理有据 | 8 | 10 | 13 | | | | |
| 法律依据是否准确 | 8 | 10 | 13 | | | | |
| 工作过程安排是否合理、规范 | 8 | 16 | 26 | | | | |
| 陈述是否完整、清晰 | 7 | 10 | 12 | | | | |
| 是否正确灵活运用已学知识 | 7 | 10 | 12 | | | | |
| 是否积极参与活动 | 7 | 10 | 12 | | | | |
| 是否具备团队合作精神 | 7 | 10 | 12 | | | | |
| 总计 | 52 | 76 | 100 | | | | |
| 教师签字： | | | | 年　月　日 | | 得分 | |

2.自我评价

(1)完成此次任务过程中存在哪些问题？

(2)产生问题的原因是什么？

(3)请提出相应的解决问题的方法。

(4)你认为还需要加强哪些方面的指导(实际工作过程及理论知识)？

# 五、拓展思考问题

1.在解决合同纠纷的时候,是不是只能选择解决合同纠纷四种办法中的一种？

2.索赔工作有哪些技巧？这些技巧有哪些现实意义？

# 参考文献

[1] 朱新民,林敏晖.物流采购管理[M].2版.北京:机械工业出版社,2007.
[2] 陈利民.采购管理实务[M].北京:机械工业出版社,2010.
[3] 李恒兴,鲍钰.采购管理[M].北京:北京理工大学出版社,2007.
[4] 崔大巍.现代施工工程机械[M].北京:中国人民大学出版社,2011.
[5] 刘冬学,宋晓东.工程招投标与合同管理[M].上海:复旦大学出版社,2011.
[6] 武育秦.建设工程招投标与合同管理[M].3版.重庆:重庆大学出版社,2006.
[7] 史商于,张友昌.材料员专业管理实务[M].北京:中国建筑工业出版社,2007.
[8] 梁敦维.材料员[M].太原:山西科学技术出版社,2000.
[9] 陈爱莲.材料员[M].北京:中国电力出版社,2008.
[10] 乌云娜.项目采购与合同管理[M].北京:电子工业出版社,2010.
[11] 鲁熙旺.采购法务与合同管理[M].北京:机械工业出版社,2008.

图书在版编目(CIP)数据

物资采购/田昌奇,马增强主编. —西安:西安交通大学出版社,2015.7(2022.9重印)
高职高专"十三五"物流类专业系列规划教材
ISBN 978-7-5605-7515-5

Ⅰ.①物… Ⅱ.①田… ②马… Ⅲ.①采购管理-高等职业教育-教材 Ⅳ.①F253.2

中国版本图书馆 CIP 数据核字(2015)第 141147 号

| | |
|---|---|
| 书　　名 | 物资采购 |
| 主　　编 | 田昌奇　马增强 |
| 责任编辑 | 王建洪 |
| 出版发行 | 西安交通大学出版社<br>(西安市兴庆南路 1 号　邮政编码 710048) |
| 网　　址 | http://www.xjtupress.com |
| 电　　话 | (029)82668357　82667874(市场营销中心)<br>(029)82668315(总编办) |
| 传　　真 | (029)82668280 |
| 印　　刷 | 西安日报社印务中心 |
| 开　　本 | 787mm×1092mm　1/16　印张 10.125　字数 242 千字 |
| 版次印次 | 2015 年 8 月第 1 版　2022 年 9 月第 3 次印刷 |
| 书　　号 | ISBN 978-7-5605-7515-5 |
| 定　　价 | 24.80 元 |

如发现印装质量问题,请与本社市场营销中心联系。
订购热线:(029)82665248　(029)82667874
投稿热线:(029)82668133　(029)82665379
读者信箱:xj_rwjg@126.com

**版权所有　侵权必究**